中川 明 編

イジメと子どもの人権

イジメブックス
イジメの総合的研究
4

信山社

刊行のことば

編集委員代表
明治学院大学名誉教授　聖徳大学教授　作間 忠雄

イジメの問題は、遠い昔から生物の世界に存在してきたものと思われる。私たち人類の世界も例外ではない。人類が他の生物に比較して、圧倒的に文明の上で進歩した現在でもイジメはなくならない。そして恐らく将来もなくならないだろう。それにしても現在の私たち日本社会のイジメ現象は異常である。このシリーズの第六巻では「世界のイジメ」について取り上げているが、今日の日本のように学校内外におけるイジメの一般化とイジメによる自殺が多い社会は見あたらない。

さて、イジメはイジメられた子どもを死に追いやるだけでなく、多数の不規則な欠席・保健室登校・不登校・転校・退学などの問題を生んでいるし、イジメの延長といえる殺傷事件を含む非行、その反対にイジメられる子どもがイジメる側に回ったり、イジメに報復したりするという問題も呼び起こしている。「子どもは学校に行って勉強しなければならない」という考えが、子ども自身や親の自発的なものであれば問題ないが、日本のように就学が単に法律で強制されているだけでなく、学校に行かない子どもとその親は「仲間はずれ」になるという考えが強い共同体意識となっている社会で、「学校に行けばイジメられ、殺される」という現象は、まことに「オゾマシイコト」といわなければならないだろう。

これまでイジメの問題は、イジメられる子どもとイジメる子どもの性格や家庭環境などの問題として、主として子どもや親についての心理学・精神医学・家族社会学などの分野で扱われてきた。またその後、学校教育の問題として、知識偏重の詰め込み教育、がんじがらめの校則重視、官僚的な授業や学校経営のあり方など、教育学などの分野でも取り上げるようになった。それら自体は当然の成り行きで、今後さらなる研究の促進と実態の改善に期待したい。

しかし、イジメの問題を考えてみると、例えば、①「なぜ最近、八〇年代以降の日本の社会でいろいろなイジメが急速に広まったのか?」、②「なぜ学校でイジメが急増したのか?」、③「イジメる子ども・イジメられる子どもは家庭でどのように育てられてきたのか?」、④「父母や兄弟たちはどんな生活をしているのか?」、⑤「日本の親や社会は子どもについてどのように考えているのか?」など、問題の所在がどんどん広がっていき、とても対症療法だけでは済まないように思われてくる。

この頃、臨床の医者は、肝臓・腎臓・心臓などの慢性的疾患を「生活習慣症候群」と捉えて、過度の飲酒、偏った飲食、過労、運動不足などの生活習慣に目を向け、患者自身による改善を勧めるようになったという。「元を断《た》たなければダメ」なのである。

ところで昨年の神戸市の少年殺人傷害事件は、その原因が少年の特異な素質や家庭環境などにあると見られ、普通のイジメのように一般化して考えるケースとは違うように扱われている。しかし、もし彼の「行為障害」が、ホラー映画や漫画のヴァーチャル・リアリティ（仮装現実）や家庭・学校教育のあり方に、さらに現在の日本の社会環境に触発されているとすれば、両者はどこか根元でつながっているかも知れない。

ところで今年に入って三月までの短期間に、一方で、①「先輩から大金を脅し取られた」との遺書を残したイジメ自殺が再発した。また、②以前のイジメっ子が逆襲されて、ナイフで一人を刺殺した事件が起き、イジメとナイフがつながった。他方、③叱られた女教師を刺殺する重大事件が発生し、教師を敵視する子どもが少なくない実情が明らかになった。また、この事件以後、まるでナイフが解禁されたかのように、④友人・店員などにナイフを振るう事件が続発し、ピストル欲しさに警察官を襲う事件まであり、さらに、⑤息子二人とその友人が父親を殺す事件まで起きた。すでに小学校低学年から「学級崩壊」が進んでいるとも聞く。これら一連の子どもの「爆発」と「凶悪化」には、教師も親も社会もアッケにとられている。折しも不況・閉塞のさ中、戦後五〇年が空しくなる気持ちさえする。ついに文部省は「少年事件は学校だけでは対処できない」と、警察等との連携を促し始めた。確かに神戸の少年事件は、ヴァーチャル・リアリティの「ナイフ殺人」を現実化したかも知れない。しかし、「キライなことはキライなんだ」、「我慢などイヤだ」と級友をイジメたり、すぐにキレてナイフに頼る子どもが生まれた原因を分析したり、子どもを窒息させ、しかも発散するアテのないいまの「構造的なストレス」を鋭く指摘する意見もある。このシリーズではこれら最近の現象には直接触れることができないが、共通する問題点について基本的な取組みはなされていると考える。

このシリーズの執筆者は、皆このような気持ちで執筆に臨まれている。病気には先ず対症療法が必要であると同時に、予防や再発防止のため生活習慣や体質の改善も重要なように、私たちは少なくともイジメの総合的な診断と治療を目指して、このシリーズに取り組んできた。

もちろん現状では、研究分野によってその到達段階はさまざまであるし、このシリーズの執筆にあたって共同研究を行う時間を多くはとれなかったが、私たちがイジメ現象が一段落したかのようなこの時期に、あえてこのシリーズを刊行するのは、今こそ「イジメの実証的・総合的研究」をまとめておく必要性を痛感するからである。「イラつき」、「ムカつき」、「キレる」子どもたちからのシグナルをどう受け止めるか。このシリーズがその問題提起になれば幸いである。なおこのシリーズは不十分ながら、父母・教師・子どもたちはもちろんのこと、今閉塞の中に囚《とら》われている多くの日本人に読んでもらうために、専門書ではなく、一般向けの気軽に手に取れる本を目指したつもりである。

最後にこのシリーズの各巻の編集を引き受けられた諸先生および執筆された先生方に、また出版について終始お世話になった信山社の村岡侖衛氏に、厚く感謝申し上げる次第である。

一九九八年二月

中川明編　イジメと子どもの人権

もくじ

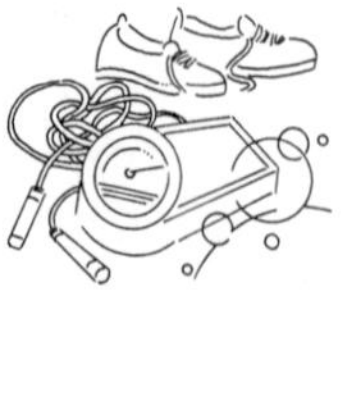

執筆者紹介（執筆順）

坪井節子　弁護士
中川　明　北海道大学教授
織田博子　駿河台大学教授
森田健二　弁護士
服部　朗　愛知学院大学教授
宮坂　果麻理　朝日大学ポストドクター
若穂井　透　日本社会事業大学教授・弁護士

カット　与儀勝美

1　子どもの人権救済活動の現場から

坪井節子
弁護士

一　子どもの人権救済活動

各地の弁護士会では、子どもの人権相談窓口を設けて、学校問題、非行、虐待などに悩む子どもや親の相談を受けている。私が所属する東京弁護士会は、一九八五年、「子どもの人権一一〇番」として無料電話相談を開始した。寄せられる子どもたちの、イジメ、体罰、校則、不登校に苦しむ実情は、相談を始めた弁護士の予想を越える深刻なものであった。電話相談だけではとても対応できないということがわかり、翌一九八六年には、「子どもの人権救済センター」を設立し、無料面接相談、弁護士あっせん、弁護士会による調査、調整、人権侵害を認定した場合の要望、勧告、警告の表明などの活動を開始した。以来二〇〇〇年六月までに、累積約八一〇〇件の電話相談と、約六四〇〇件の面接相談が寄せられている。

私は一九八七年からこのセンターに参加し、相談員のひとりとして活動してきた。約一〇〇名の弁護士が交代で、平日の午後一時三〇分から三時間、電話を受け、面接相談を担当している。

相談の内容の統計をとってみると、毎年、イジメに関する相談が最も多い。おおよそ三〇％は学校内でのイジメの相談である。一九八五年当時は、校内暴力やイジメ自殺が社会問題化していた時期であり、暴力的なイジメが目だっていた。その後、次第に学校管理体制が強まっていく中で、表面的に見えるイジメは減少し、文部省が「イジメは鎮静化した」というコメントを発表した時期もある。しかし、センターに寄せられる相談はいっこうに減る気配を見せず、ただ大人に見えない、陰湿化したイジメ、精神的にじわじわと追いつめられていくイジメが主流となっていくという変化はあったように思う。

最近では、小学校高学年から中学にかけての子どもたちが、毎日、孤立させられないように、無視されないように、イジメの対象にされないようにと気を張りつめ、不本意な友人関係にくたくたになっている様子がみてとれる。

こうした変化はあるにしても、この一五年間、子どもたちを苦しめているイジメの状況には何ら明るいきざしは見えてこないというのが、率直な感想なのである。しかしその中でも、イジメを生み出す構造が何であるのか、イジメの被害者がどのような心境に陥ってしまうのか、被害者が再び生きる気力を回復していくためには何が必要なのか、イジメの加害者側への対応にはどのような方法が効果的なのか、イジメを予防するために必要な教育的配慮とは何か等の問いに対し、子どもたちの生の声、こどもたちの苦悩の現実は、私たちに非常に多くの貴重な示唆を与えてくれた。限られた紙面の中でではあるが、私たちが子どもの人権救済活動の中でイジメについて学んできたことを、以下にまとめてみたい。

二　イジメの構造——何がイジメを生み出すか

私が最初にイジメの問題に直面したのは、相談員になってまもなく、ある東京都内の公立中学校の卒業生からの相談を受けたときであった。その少女A子さんは、中学一年の三学期ころから学校へ行けなくなり、ほとんど登校できないまま卒業を迎えてしまった。原因は入学直後からクラス内で始まったA子さんへのイジメにあったのだが、学校側はイジメは解決した、不登校は親子関係の問題だとして譲らず、親子と学校との間の亀裂は、次第に深くなっていったのである。

A子さんに当初加えられたイジメは、彼女の体型を揶揄《やゆ》してはやしたてたり、消しゴムのかすや雑巾を洗ったばけつの水をかけられたり、頭突きをくらわせたりするといった、かなり暴力的なものであった。母親がこれに気づいて担任に訴えたところ、担任はこれを調査し、こうしたイジメが存在したことを認めて、加害者数名とその親を呼び、A子さんと母親に謝罪させて握手させた。担任にしてみれば、これで一件落着ということだったのである。

ところが子どもたちは、イジメを訴えたA子さんを許さなかった。今度は絶対に見つからない形でイジメてやるということになっていく。加担者もクラス全体に広がっていった。

まず無視。挨拶をしても、何かを訊ねても、誰もA子さんに応えない。彼女がそこにいないかのように振舞う。また全員が無言の共謀により、クラス内の役割を決めるときに、A子さんが苦手とする役割を選挙ということで、彼女に押し付けるということも行なわれた。A子さんの訴えを聞いた担任が、クラスの学級委員を呼んで事情を確かめると、「それはA子さんの思いすごしです。仲良くしましょうね」とかわされてしまった。担任は学級委員の言葉を信じた。そしてそれから後、イジメは解決した、問題はA子さんの側にあるという態度に転じてしまったのである。

一年の三学期にはいると、A子さんは微熱、腹痛を訴えて学校へ行けなくなった。医者に診断してもらっても原因がわからない。学校からは「病気でないなら怠けだ」「病気なら精神科に通うように」といった指示が来る。担任が電話をかける、家庭訪問をする。級友がプリントを届ける、誘いに来る。出席日数が足りない、卒業させられないという圧力がかかる。親子ともども、本当に苦しい時期を過ごしたのである。卒業式だけでも出たいという希望に対し、「学校に出てこないで、卒業式だけ出たりしたら、またイジメられますよ」といわれて拒否され、結局母親が卒業証書をもらってくるという形で終わった。

相談を受けた私たちは、センターで何ができるのかを協議した。すでに中学校を卒業してしまった子どものために、私たちにこれからできることがあるだろうかと。しかし心身ともにぼろぼろに傷ついたまま、学校を放り出されたA子さんの気持ちを思うと、彼女は救済される必要がある、何ができるかわからなくても、調査を開始してみようということになった。

私たちは、A子さんや親の話をさらに詳しく聞き、学校へ出向いて担任、学年主任、校長らからも事情聴取をした。A子さんが通っていた地域の児童館、この学校の卒業生の親、この学校から失意の内に転勤していった教師、教育委員会等へも出向き、調査を続けた。

これらの調査から明らかになってきたのは、この学校のすさまじい体罰体質、競争、管理主義と、数年前からの、これまたすさまじいイジメの存在、原因不明で片づけられた自殺、この地域の経済的な困難性を背景に持つ家庭事情だった。竹刀を持って学校内を見まわる生活指導の教師、殴る・投げ飛ばすがあたりまえの毎日。漢字競争、計算競争、スピーチコンテスト。周辺他校と比較しても厳しい校則。見張りを立ててトイレの中で行なわれる暴力的なイジメ。遺書もなくアパートの屋上から飛び降りた生徒。母子家庭の母親は通夜の席で、「あの子はいつも蹴られた跡のついた制服を着て帰ってきていた」と話していたという。他のクラスのことは見て見ぬふりをする教師。生活を維持するため、自分の欲望を満たすための親の事情が優先して、子どもが放置されている多くの家庭を抱える地域。そして多数の不登校の子ども。

調査を進めるごとに明らかになっていく、追いつめられて荒れる子どもたちの姿に、私たちは呆然とし、胸が苦しくなった。イジメは子どもと子どもの間で起きている現象に見える。しかしイジメる子どもたちを生みだし、イジメられる子どもたちを救うことができないどころか、さらに追いつめているのは、子どもを取り巻く教師・学校であり、親たちではないか。子どもの問題として、子どもを何とかしようという前に、大人たちが子どもを傷めつけている現実に気づかなければ、イジメはなくなりようがないという厳然とした事実をつきつけられたのである。

私たちは、学校側にA子さんの苦しみへの理解と、謝罪を求めた。しかし学校は責任を認めず、これを拒んだ。やむを得ず、東京弁護士会では、この学校の体罰禁止、管理教育の改善を求めて、学校と教育委員会に要望書を交付した。A子さんは、自分の失われた時間はかえってこないけれど、自分の気持ちを理解し、味方になってくれる弁護士さんたちがこんなにいるとわかったことは、うれしかったと話していた。

私が以後イジメの相談にぶつかるたびに、イジメを生み出す構造にこそ目を向けなければ解決はないという姿勢をとれるようになったのは、この事案のおかげといっても過言ではない。

三　イジメの被害者が陥る苦悩

イジメられた子どもたちから、彼らが加えられたイジメの事実をひとつずつ聞いていると、いつ果てるともしれない毎日の屈辱的な仕打ちの連続に、よくぞ耐えてここまで生きてこられたものという感慨を覚える。自分だったらとても耐えられなかっただろうと、子どもたちの健気さに、脱帽する思いがする。子どもたちの苦悩は、大人の想像を絶する。大人よりももっと深く傷つき、怒りや不安をストレートに感じていると思う。ただ表現が未熟であるために、その深刻さを大人には理解してもらえないできただけのことなのである。子どもの苦悩の深さ、それに耐えてひとりで戦ってきた健気さの前では、弁護士とか、大人とかの肩書き、権威など何の役にも立たない。ただ同じ人間として、その苦悩を共有できるかどうかが問われていると思わざるを得ないのである。

イジメに苦しむ子どもの悩みは、加えられる外からの仕打ちだけに起因するものではないことも教えられた。外から加えられる屈辱にまして子どもを傷めつけるのが、「何故自分がイジメられるのだろう」という疑問なのである。

ある中学三年生の男子B君からの相談である。彼は進学校といわれる私立中学を受験して合格した。そこでは一年の時からクラス内で常にイジメがあった。誰かが標的になっている間は自分は安全という状態の中、イジメられるより、イジメていた方が楽という意識が皆を支配していた。B君は三年一学期までは安全圏にいた。しかし二学期になり、標的とされる。標的は誰でもいいのである。口実はなんとでもなるのである。要するにイジメる側の子どもたちのストレスが別の方法で解消されない限り、イジメの標的は必要とされているのである。

B君は、陰口やからかいの対象にされた。毎日毎日地獄のように辛かったという。その中で考える。何故自分がイジメられるのだろうか。自分が根暗《ネクラ》だからか。自分の容姿に皆が嫌いなところがあるのか。自分のしゃべり方がおかしいのか。

イジメから逃れたい一心で、自分を変えようとした。明るく振舞ってみる。皆に話をあわせようと、見たくないテレビや漫画も見る。使い走りもする。毎日鏡の前で長時間かけて身なりをチェックする。自分が自分であってはならない。自分を変えなければイジメがなくならない。そうやって自分をぐさぐさと傷つけていく。これほど苦しいことがあるだろうか。しかし、イジメはなくならなかった。B君に原因があったからではないからである。B君は最後には、自分がいるからいけないんだ、自分がいなくなれば、みんなはうれしいんだというところまで、行きついてしまった。

三ヵ月後、B君はぼろぼろになって親にぽつんともらした。「僕はもう学校へ行けない」。しかしこれを聞いた親は、何が起きているのか想像がつかない。「弱音をはかないの。がんばりなさい。みんな行っているでしょ。あと三ヵ月我慢すれば高校よ」と励ましたのである。自分で自分を責めてきたB君にとっては、最後の命綱を断ち切られたという感じだったという。「やはり僕が弱いからだめだと親も言っている。もう強くなれない。学校へ行けない自分にもう未来はない」。

彼は、自殺を決意した。「死ぬのは何もこわくなかった。一本線を越えれば死の世界だった。死にたかったわけではない。この地獄から逃れるためには死ぬしかなかったんだ」。薬を買い集め、遺書を書いて飲んだ。「死んだら両親が悲しむだろうな。でも死んでしまえば両親の悲しみを見ないですむ」と思ったそうである。幸い両親が発見し、一命を取りとめた。子どもの命をかけたSOSを受けた両親は、初めて「生きていてほしい。もう学校へ行かなくていい」と言ってくれた。

自殺を考えているとき、何より腹が立ったメッセージがあったという。「子どもたち死なないで。死ぬ勇気があるならイジメに立ち向かえ」というものだったそうである。死ぬのに勇気なんかいらないのに、イジメに立ち向かえないから死ぬのに、イジメに何もしてくれなかった大人が、勝手なことをいうなと、怒りを覚えたという。

誰にも救いを求めることができないまま、ひとりっきりで絶望の淵に沈んでいった彼の気持ちを思うと、私には返す言葉もなかった。

親にすら苦しみを理解してもらえないまま、元気に学校に行っているという期待を裏切るまいと最後まで頑張ってしまう子どもたち。B君は決して特別な子どもだったのではない。私たちの周りにいる子どもたちも、いつ同じような苦しみに追いつめられていくかもしれないのである。そばにいる大人が、せめてその苦しみにじっと耳を傾け、寄りそうことのできる人間であってほしいと願うばかりである。

四　イジメの被害者が尊厳を回復していく時

C子さんは小学校六年の一年間、級友と担任からイジメ抜かれた。卒業の時には、心が血だらけだった、新しい血が流れても痛みがわからなかったという。心身ともに疲れ果てたまま、中学へ進学し、小さなできごとを契機として学校へ行けなくなった。六ヵ月間部屋から出られなかった。両親は彼女が死んでしまうのではないかとはらはらしながら見守りつづけた。

C子さんの母親を通じての相談ののち、私と彼女の電話がつながった。C子さんは緊張しながら、慎重に言葉を選びながら、イジメの事実をひとつずつ話してくれた。「でもあなたが悪かったのではないわ。イジメが悪かったのよ」。私がそう言ったとき、C子さんは息を呑んだ。しばらくの沈黙ののち、「その言葉を二年前に聞きたかった。ずっと自分が悪いといわれてきた。自分で自分と両親を責めてきた。急に言われても信じられないけれど、信じたい」という言葉が返ってきたのである。

人間としての尊厳を傷つけられてきた子どもたちにとって、「あなたは生きていていいのよ。ありのままの自分でいいのよ。生きていてほしいとあなたの親も、私も、願っている」というメッセージがどれほど貴重であるか、私はこうした子どもに出会うたびに痛感している。そして子どもたちが、自分は生きていていいのだという確信を持てるようになると、どれほど元気になることか。そして味方になって歩いてくれる人さえいれば、自分の人生は自分のもの、自分が主人公、自分の責任で切り開いて行こうとして、前へ向かって歩きはじめることか。

C子さんも、薄皮をはぐように元気になっていった。そして自分のプライドの回復のために、自分が受けてきた仕打ちがイジメであったということを、担任に認めてほしい、そのうえで心の底から謝ってほしいというようになった。私たちの出番はこの辺からである。彼女の思いを当の担任や学校、教育委員会に伝え、子どもの気持ちを尊重した対応を求めていった。

子どもたちは結果を重視しない。大切なのは、プロセスなのだと思う。必ずしも思いどおりの結論が出なくても、自分が選んだ道を一緒に歩いてくれる人がいる、応援してくれる人がいるということで、どれほど勇気を持てることだろうか。C子さんも、二年かかってその道を歩いた。外出もできなかった彼女が、近くの図書館へ通いだし、本を読み尽くし、遠くの図書館にお弁当を持って通うようになった。二年の終わりには、高校受験をしたいというようになった。学校へは戻れなかったが不登校の子どものための教室へ通って、見事受験に成功したのである。

子どもたちのそうした姿は私たちに感動とエネルギーと希望を与えてくれる。もちろんここまで子どもが傷つかないでほしいと思う。しかし、私たちの現場では、どうしてもこうした厳しい現実に向き合わされる。そこで活動を続けていくことができるのは、子どもたちが見せてくれるこの前向きの姿があるからなのだと思わずにはいられない。

五 イジメの加害者にどう対応していくか

現実にイジメの渦中にあるとき、イジメの加害者側にどう対応するかは、難しい問題である。イジメが暴行、傷害、恐喝などの犯罪に発展して、非行事件となることがある。そうなった場合には、警察や検察官、家庭裁判所の調査官や裁判官、そして私たち弁護士が付添人として子どもに関わるという契機ができることになる。非行は確かにマイナス評価をされる事態であるが、どうにもならなかった問題に対し、ある程度の強制を伴なって第三者が介入することができ、硬直化した親子関係や教師と生徒の関係改善に踏み込むことができるチャンスという意味では、プラスの面があることは否定できない。

そこまでいかないイジメの場合、イジメる側の子どもの問題性をどこまで明らかにし、誰がその問題の解決を支援していけるのかということになると、これは子どもだけではもちろん無理であるし、学校だけでも、親だけでもどうにもならないであろう。しかし、少なくとも子どもと親と学校が、問題認識を共通にすることができ、そこに地域の協力が得られるようになれば、必ず展望は開けてくると思う。

やはり中学校でのイジメ事件であった。D子さんは、もの隠し、ものこわしから始まって、刃物を同封した脅迫状を届けられるまでにエスカレートしたイジメの渦中にあった。はじめは、D子さんの狂言だろうといって相手にしなかった担任も、D子さんがけがをするにいたって、やっと対応に乗り出した。担任は監視を強化する、生徒に密告をさせる、被害者の実名を学年集会に明らかにするなどの対応をとると両親に連絡してきた。両親から相談を受けた私は、とにかく担任のその行動を思いとどまらせなければ、イジメは激化すると考え、両親が迅速に動くよう助言した。

両親は教頭や校長にも訴え、被害者の匿名性を確保したまま、問題をクラスの子どもと保護者が共有できるような機会を設けてほしいと要請した。何ら行動を起こそうとしない管理職に対し、このまま放置するなら教育委員会へ出向くしかないと再度訴えたところ、やっと校長が腰をあげた。

緊急保護者会が開かれた。担任だけでなく、校長や教頭も同席して、送られてきた脅迫状や刃物を集まった保護者に見せて、被害者も加害者も特定しないまま、このクラスで重大な問題が起きているという視点で報告がなされた。衝撃を受けた保護者らは、熱心に議論をした。疑いのある子どもを追及したらどうかという意見もあったが、大方は、イジメている子どもたちに深い問題があるはずだ、学校はもっとそこのところに切りこみ、子どもを支援するという姿勢をとれないのか、親子関係の見なおしも必要だという意見が大勢をしめたという。そしてそれぞれの家庭で、親と子がこの問題を話しあうことが確認された。

学校は一回目の保護者会に出られなかった保護者のために、三日連続で会を開き、それでも出席できなかった保護者のために、家庭訪問までした。

効果はすぐに現れた。その直後からぴたりとイジメはなくなったのである。子どもたちのＳＯＳとしてのイジメに、親や教師がはじめて真剣に向かい合ったという姿勢が、子どもたちに通じたのだとしか思われない。

別の事案では、問題を起こし続ける子どもを、親に代わってしばらく預かろうという地域の人の協力が得られたこともある。

イジメる子どもが抱える怒り、不安、不満、寂しさ、イジメでしか発散できない、そうした鬱屈した思いを受けとめる仲間や大人が必要なのである。それはその子どもの親だけでも、担任教師だけでもむずかしい。保護者どうし、教師どうし、保護者と教師の風通しのよい関係がなければならない。しかも大人だけの連帯ができても無理である。子どもたちの間で、他人事という顔をしない姿勢がとれて、大人との信頼関係が回復されていく過程が不可欠である。

イジメの渦中にある子どもと大人たちが、時には外部からの助言も受けながら、苦しむ声に傾けられる耳と、信頼関係の回復をはかろうという少しの勇気を持ちさえすれば、イジメの解消は困難ではあっても、不可能ではないと私は考えているのである。

六　イジメの予防のために

イジメの予防のために何より大切なのは、子どもたちが自分の人間としての尊厳、つまり人権を自覚し、これを守る方法を知ることだと思う。自分がありのままで生きていていいのだ、自分は自分の人生の主人公なのだ、その自分のプライドが屈辱的に傷つけられてはならない、傷つけられそうになった時には、いやだというのだ、いやだといえなければ逃げよう、逃げられなければ助けをもとめようということを、しっかり身につけることだと思う。

自分の人権の大切さを自覚できてはじめて、他人の人権の大切さにも気づく。自分の命、体、心が大切なものであるなら、他人の命、体、心も大切なものであるはずなのである。その他人の人権を侵害してはならない、自分がされたくないことは他人にもしないという意識。イジメの予防には、何よりこの意識が必要だと考える。

子どもたちにこの意識を育てるために、学校教育の中での人権教育の展開を真剣に考えるべきことはもちろんである。しかし日々の生活の中で、まず大人たちが子どもへの暴力、暴言、無視、差別等による人権侵害を中止し、子どもをひとりの人間として、この社会を共に支えるパートナーとして尊重する意識を持てるようになることが、何より緊急の課題であろうと思う。子どもと大人が上下の支配関係ではなく、人間として尊重しあい、助け合う、共にプライドを保持した対等なパートナーとして生きていけるようになるとき、子どもはきっと自分の人権にめざめ、他人の人権を尊重できる人間に成長しているに違いない。

イジメは簡単にはなくならない。しかし、傷ついた子どもたちの人権の回復と、予防のための人権思想の確立。いずれも私たちがこれからも不断の努力をつんでいかなければならない課題なのだと思う。

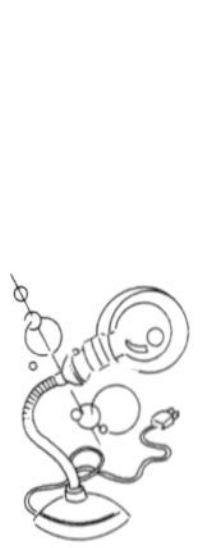

2 イジメ問題に法と法制度はどう取り組むべきか
――「法化」社会における課題

中川　明
北海道大学教授

一　はじめに――二つの事例がつきつけるもの

イジメを問題とし、これについて論じる場合には、予めいくつかの限定をしておくことが、問題の整理に役立つだけでなく、議論の有用性の観点からも望ましい。とりわけ、法と法制度の角度からイジメ問題に取り組むにあたっては、そうした考察態度は不可欠であろう。はじめに、私の基本的な視座を明らかにしておくために、二つの事例を紹介し、その意味を考えてみることにしたい。

1　イジメ――プロセスの行きつく先の子どもの死

「ぼくはみんなに、わるくちをいわれて、きらわれている。このはんとし、いじめられた。ちょっと、むこうにいってくる」

ひらがなで書かれたこの遺書は、北海道恵庭市立小学六年のK君が、自宅近くの雑木林の枝にかけたロープで首をつって自死をした現場に残されたノートの切れ端に、走り書きされていた、という(一九九二年九月一七日付「北海道新聞」(夕刊))。

一一歳の少年が残した言葉の全文はこれだけであるが、ここには、自分に向けられていたイジメという事実を、自分がこれまで生きてきたこの世にしっかりと刻印しておきたいという、切ない願いが張りつめられており、読む者をして慄然とさせる。追い詰められたあげくの自死が、少年にとり二度と帰ってはこれない向こう側に旅立つことではなく、再び戻ってこられるものとみなされていることが、なまなかの言葉で表しえないほど痛ましい。

イジメを問題とし、論じるにあたっては、このかけがえのない個体としての子どもの死に正面から向かい合い、その死に真摯に応えることから出発しなければならない。

イジメによって、子どもが死を選んだり死に至ったりすることが、実数のうえではなお少ないとしても、毎年そうした子どもがいることはまぎれもない事実である。右の事例と同じ一九九二年についても、一ヵ月後の一〇月二〇日には、福岡県北九州市小倉北区の中学三年の女子生徒が、自宅マンションの屋上で首をつって自死するという事件が発生している。家族三人に宛て丁寧な字で書かれた遺書には、「私は学校で友だちから無視されています。原因はよくわかりません。……だから、あやまってみました。でもゆるしてくれてはいないようです。なんだかわけがわからなくなってしまいました」と記されていた、という(一九九二年一〇月二六日付「毎日新聞」)。ここには、クラスの多数による無視が、無視された側にはその原因がわからないままに、その居場所を奪い、死へと追い詰めてゆくプロセスが綴られている。

むろん、子どもの死の原因をイジメと断定することが難しい場合があることは否定しえない。しかし、子どもの死とイジメとの関係を切り離すことができないことが多いのもたしかである。現代のイジメは、一過的な暴力現象ではなく、継続的に行われ次第にエスカレートする性向を有している。イジメはプロセスを持つものとして捉えられるが、そのプロセスの行きつく先に、子どもの死という事実の惹起を防ぐことは現実に困難であるばかりか、むしろ死は不可避なことがらとして認めざるをえないのである。子どもの死は、イジメの中に構造的に含まれているのであり、決して偶然的な出来事でもないし、例外的事象とみなされてもならない。

ただ、子どもが死を選び・死に至るほどのイジメは、深層レベルのイジメであることがほとんどである。その意味で、深層レベルのイジメについて考察した結果を、量的には圧倒的に多い表層レベルや中層レベルのイジメにまで及ぼすことについて、疑義が出されるかもしれない。イジメを段階的(表層・中層・深層)にとらえ、その段階に応じた個別的対応が必要な場合があることはたしかだからである(清永賢二「いじめの現代的諸相」、岩波講座4『いじめと不登校』所収、一九九八年、一一一頁)。しかし、イジメが構造的にプロセスを持ち、しかも、それが非連続的でなく連続性を有して極限まで達することがある以上、そのプロセスの行きつく先から逆照射して、問題を浮かびあがらせることが有用な結果を生むように思われる。

イジメによって、子どもはかけがえのない身体と人間としての尊厳を傷つけられるだけでなく、ときにはその生命を絶ち・絶たれることがあるのである。子どもの死を直視し、その死に応えるかたちで、イジメ問題にあたうかぎり具体的・実践的に取り組む必要がある。無意識であれ、イジメを死と切り離して、簡単にイジメ一般に広げたうえで、イジメ問題として総花的に展開し、その対策を網羅的・総論的に説くだけでは、もはや有用な言説とはいえない地点に来ているように思われる。

法と法制度の分野でイジメ問題に取り組むにあたっても同様であり、子どもの死と切り離すことなく、具体的・実践的に考察しなければならない。イジメについて一般論・総論を語る時期は、もう過ぎてしまっているのである。

私がそのような思いにとらわれたのは、この少年の自死を報じる新聞（同日付「朝日新聞」（夕刊））に接したころからであるが、私が弁護士時代に体験した事件と裁判は、私のこの思いに拍車をかけることになった。

2　残された親の願い

その事件のことや裁判を素材にしての論述を、私は最近いくつかの場（例えば、「子どもの死をめぐる学校の説明責任」北海道大学法学部ライブラリーI『人権論の新展開』所収、北海道大学図書刊行会、一九九九年）でしているので、また同じ記述を繰り返すのは少なからず気が引けるが、以下の論述を展開するにあたって恰好の素材を提供しているように思われるので、少しつづめて紹介することにする。

事件は、東京都下の町田市で起こった。一九九一年九月一日、二学期を明日に控えた午後七時すぎのことである。町田市立T中学校二年の女生徒が、「明日、どうしてもT中学校へ行かなければいけないの？」との言葉を母親に残して、その数分後に、ＪＲ横浜線成瀬駅下りの線路上に自ら身を横たえて、死を選んだ。

女生徒の両親は、愛娘の突然の自死が信じられなかったし、その死を受容することはできなかった。父親は、その裁判の冒頭、意見陳述の機会を与えられて、次のように述べている。

「いくら私どもが否定しようと、Ａ子の死は厳然たる事実なのです。Ａ子は何かに深く傷つき、悩み追い詰められて死を選んだのです。……しかし、私どもはＡ子の深く傷ついた心に気づくことができませんでした。本当に情けない親です。Ａ子が何に悩み追い詰められていたのか、そのことを親である私どもが気づいていれば、そしてＡ子の心を少しでも慰め励ましてやることができていれば、Ａ子の選択は絶対に違っていたはずです。Ａ子の生命を救うことのできなかった親として、悔やみ切れない日々が今もなお続いています。

Ａ子が生きている間、その苦しみを理解してやれなかった親として、私どもは遅ればせながらでありますが、どうしてもＡ子の苦しみを理解したい、Ａ子の心に寄り添いたいと思いました。このような気持ちは、私どもと同じような境遇におかれた親であれば誰でも抱くものであると思います。」

両親は告別式のあと、Ａ子の友人たちから、Ａ子が夏休み前からあからさまに無視（シカト）されていたこと、事件の数日前には取り囲まれて脅迫されていたこと等を聞いた。両親らははじめて、Ａ子が学校でイジメにあっていたらしい、と知った。

両親はＡ子の死の真相を知るために、学校で何があったのかを知りたいと思い、Ｔ中学校に協力を求めた。Ａ子の死後、Ｔ中学校は関係生徒から事情を聴取したり、調査らしきものを行っていた。「遺書」は見つかっていないが、T中学校はA子の自殺に関する全体集会を行ったあと、全生徒に「作文」を書かせていた。T中学校はA子に関するさまざまな情報を収集していたのである。

父親は、「A子が亡くなった今……A子に関する情報はA子そのもの」であり、「ひとりひとりの生徒の『作文』から、A子の思いや面影を知り、A子に何が起き、A子がどのように悩んだかを知りたい」（裁判の冒頭における意見陳述）と考えて、T中学校に対してその開示を求めた。学校で何があったのか、それを知ることにより、わが子の苦痛と苦悩に少しでも近づきたいと願ったからである。

ところが、T中学校の対応は頑なであった。校長は、「職員会議で議論している内容については、たとえ親に対してでも言えない」と言い張り、生徒たちに書かせた「作文」についても、親に対して「見せるわけにはいかない」とはねつけて、開示を拒んだ。

T中学校は、親とともに死の原因を究明し、生徒の死という痛ましい事態の再発を防止するという姿勢をとらなかった。学校がこだわったのは、自らの責任の回避であって、その生徒の死の原因の究明ではなかった。学校は自校の子どもの命を救いえなかった苦しみを、親と分かちあおうとはしなかったのである。

父親は、T中学校が「作文」を見せることを拒んだので、やむなく町田市個人情報保護条例に基づいて、「A子の死について説明をした後、生徒に書かせた作文のうちA子にかかわるもの」として「作文」の開示請求をした。更に、「作文」は学校の保持している情報の一部にすぎないので、親はわが子の教育の受託者である学校に対して、わが子の死の原因を調査して報告することを請求する権利があるとして、「学校の調査・報告義務を問う」訴えを起こした。

学校で何があったのかを知りたい、という親の痛切な願いの底にあるのは、わが子が死に至ったいきさつ・プロセスをたどり、子どもの心に何があったのかを知りたい、という親としてのまっとうで、自然な気持ちである。それは、決して加害者や学校の責任追及に一直線に向かうものではなく、むしろ、子どもに先き立たれ、寄り添えなかった親としての苦しみと責任感(親は多くの場合、子を喪った悲しみを、他人を責めることによってではなく、自らを責めることで癒そうとする)であり、心の中でなお生きているわが子への尽きぬ愛情である。それは、学校でわが子を失った親たちに共通して存する通奏低音である、と言ってよいだろう。

イジメ問題に向かう法と法制度は、残された親のこの願いにも、具体的・実践的に応えるものでなければならない。残された親の願いに応ええない法理論や法制度論は、よしや論としてかたちを備えていても、実践の世界ではその有用性を保ちえないのである。

イジメによって死を選んだり、死に至ったりした子どもの魂の叫びと、残された親の死の前に何があったのかを知りたいという願い——この二つを受け継いで、イジメ問題に取り組むべき法と法制度の具体像を構想し、その概要を以下に素描することにしたい。

二 イジメ発覚後の問題を考慮する必要性

もう一つ、あらかじめ指摘しておいた方がよい点がある。イジメ問題を論じるにあたっては、イジメが発覚する以前だけではなく、イジメ問題として発覚してから以後のこともその視野に入れなければならない、という点である。むしろ、イジメが発覚してから後の問題を、自覚的に検討の対象に据えて多面的に考察することが、いま求められているのではないだろうか。少なくとも、法や法制度のありようを構想するにあたっては、後者の問題は欠かすことはできない、と言ってよいだろう。

1　「教室の病」としてのイジメ問題の不可避性

むろん、イジメを減少することに向けての模索・努力は、変わることなく続けられなければならない。しかし、さまざまな努力や工夫が重ねられてきたにもかかわらず、文部省統計によっても、イジメの発生件数は一九九五年の六〇、〇九六件をピークとしてその後減少に転じたものの、いまなお毎年約四万件前後のイジメの存在が学校（一九九七年度については、イジメがあった学校のおよその割合は、小学校二一％、中学校四八％、高校三一％である）によって報告されている。また、法務省人権擁護局が一九九五年四月に発表した「中学生の生活に関するアンケート調査」（対象中学生数は一三、四四四人）によれば、イジメをした経験がある生徒は全体の四三・四％であり、イジメをこれまでに受けたことがある生徒は三六・一％に達しており、イジメを受けた場所として一番多いのは「教室の中」で六一・九％となっている。

これは、イジメが「教室の病」として日常的に生じている現象であり、どこの学校においても、生徒の誰に対しても、いつでも、起こりうる出来事であることを示している。のみならず、イジメ発生のメカニズムと子どもたちのおかれた状況や学校の姿勢に特段の変化が見られないことからすると、今後もイジメにより死に至る例や深刻なケースが生じることを防ぐことは難しく、またその数（むろん、統計上の表面的な数ではなく、子どもたちの眼からとらえた、非顕在的なものも含む実数をいう)が大幅に減少することを予測することも困難であるように思われる(森田洋司・清永賢二『(新訂版)いじめ——教室の病』、金子書房、一九九四年、六頁など)。

そもそもイジメが集団や社会関係にひそむ力のアンバランス(非対称的な力関係)、力の濫用によって生じるのだとすれば(ダン・オルウェーズ、松井賚夫他訳『いじめ——こうすれば防げる』、川島書店、一九九六年、二九頁)、イジメという現象は、おとなであれ子どもであれ、人間が集まっているところに必ずといってよいほど認められる普遍的な事実であるともいえる。その意味では、「極論すれば、いじめのまったくない子どもの世界などは病的であり、子どもの世界からいじめを一掃しようなどという考えは、子どもの世界への冒瀆に等しい」という言説(森田洋司「いじめの集団力学」、岩波講座4『いじめと不登校』所収、岩波書店、一九九八年、一一五頁)は、余りにもシニカルに過ぎて、受け入れがたいかもしれないが、実相を言いあてていることは否めないのである。

先にイジメ問題を考えるあたっては、イジメが発覚する以前だけではなく、イジメ問題として発覚してから以後のこともその視野に入れなければならず、少なくとも法と法制度の世界では、発覚後の問題を考慮することが必須となると述べたのは、この学校現象としてのイジメの不可避性という現実をふまえてのことである。こうして、イジメ発覚後の問題を考慮の対象に加えることにより、一方で法と法制度の面における考察にリアリティをもたらすことができ、他方で現在の日本社会においてイジメが問題として発覚した後に生じる深刻な事態に応えることができることになる。後者については、項を改めて、その意味をもう少し説明しておこう。

2　「イジメ問題の第二段階」と学校教育紛争の特徴

日本においては、イジメが発覚してその標的となった子どもの親、とりわけイジメによりわが子を失った親が、学校にどんなことがあったのかを知りたいとして事実の解明をはじめると、途端に学校はそれまでの同情的なポーズを振り捨て、親のこの行動を妨害しようとして、事態の取り繕いと事実の隠蔽を図り、まわりのＰＴＡや地域住民もこれに迎合し加担するという状況が現出する。イジメによる生徒の自死は、学校の汚名のように受け取られ、学校の名誉を守るためという名目で、学校と地域社会の連合体ができあがる。事実を解明したいと願い行動に移した親は、被害者であるはずなのに、あたかも学校を責め立てる加害者であるかのようにみなされ、地域で冷視され孤立させられることになる。

このような逆転現象は、まるで判で押したように、どこの地域でも一様に生じている。ルポライターの鎌田慧氏は、イジメによりわが子の命を奪われた一二人の親を訪ね歩いてその肉声をそのままに書き留め、『せめてあのとき一言でも――いじめ自殺した子どもの親は訴える』（草思社、一九九六年）を発刊したが、そこには、イジメ発覚後にこれを問題とした親たちを、この逆転現象が襲っていることが記されている。被害者の親の「こんどは、わたしたちがいじめられています」との悲しい述懐は、被害者の親と学校及び地域の不特定多数との間に、新しいイジメの関係が成立したことを物語るものである。

このイジメ発覚後に生じた問題状況を、「イジメ問題の第二段階」として位置づけるのは、評論家の芹沢俊介氏である。芹沢氏は、「いじめという学校現象にはいじめが発覚する以前の問題と発覚してから以後の問題とがある。これまでの議論の多くは発覚以前の問題つまり生徒間の問題に集中していた。だがいじめ問題は発覚以後にも新たな展開を見せることがしだいに明らかになりつつある。学校はその両方に深く関与している」と指摘して、学校の関与の仕方に「構造的な逃げ」という言葉をあてたあと、「イジメ問題の第二段階」として重視している(『子どもたちはなぜ暴力に走るのか』、岩波書店、一九九八年、八〇頁、八三―八五頁)。

学校に異議申し立てをした親が、学校の名誉を傷つけるものと仕立てられ、地域社会から孤立させられるのは、イジメの場合だけではない。日本では、体罰(教師の暴力)であれ学校事故であれ、その被害者あるいは親が、ひとたび学校・教師の責任を問いはじめると、同じような状況に追い込まれることが多い。私の弁護士時代の経験でも、被害者あるいは親が、被害に苦しみながら漸く決意して訴訟を提起したところ、一転して学校を責め立てる加害者であるかのように扱われ、中傷や脅迫・嫌がらせを不特定(匿名)の人々から受け、地域からの孤立感を深めさせられた例があった。そうした例が、どこの地域でも、また異議申し立ての理由がいかなるものであれ、一様に見られることからすると、こうした逆転現象は、広く日本の学校問題一般に存する特徴であるように思われる。

その意味では、「学校問題においては、被害者は事件後再度、加害者という仮装を強いられた被害者になるのである」との芹沢氏の指摘(右同書、八五頁)は、それ自体日本における学校教育紛争の法社会学的考察にあたっての課題の一つを指し示しているだけでなく、法と制度の面から具体的・実践的なアプローチをするに際して考慮すべき規範的問題をも暗示しているのである。

いずれにしても、法と法制度の面における考察において、イジメ発覚後の問題を対象として取り上げて考慮することは、被害の拡大・増幅を防止することに役立つだけでなく、法と制度のトータルな具体像を設計・構想する際の重要な一部をなすものとして必須のことがらとなるのである。

三　日本社会の「法化」と学校教育紛争としてのイジメ問題

1　日本社会におけるイジメの社会問題化

日本社会において、学校におけるイジメが多くの人々の関心を強く引き、はじめて社会問題化したのは、一九八五年のことである。

「第一次イジメ注目期」と言われているこの年、イジメを原因として自死した子どもは――文部省統計によっても――九人にのぼった。事態を重視した文部省は、三月八日に、イジメの全国調査をはじめて実施し、また、法務省もイジメ実態把握のため人権擁護委員会に協力を要請することとなった（三月一三日付「毎日新聞」）。更に、六月二九日に、文部省は「児童生徒のいじめの問題に関する指導の充実について」と題する初等中等教育局長通知（文初中第二〇一号）を発し、同省の設置した検討会議が六月二八日付でとりまとめた「児童生徒の問題行動に関する検討会議緊急提言――いじめの問題の解決のためのアピール」を添付して、各都道府県教育委員会教育長に対して、イジメ問題を解決するための措置・対策をとるよう求めている。

しかし、それらは学校現場におけるイジメを生み出す構造や土壌にまでメスを入れるものではなかった。

そのためその後も、いわき市小川中三年男子生徒が、同級生による金銭強要などを苦にして自死する事件(九月二六日)や、群馬県富士見村中二年男子生徒が、部活動でのイジメを苦にして自死する事件(一〇月一八日)などが相次いで起こった。これらの事件直後に書かれたある「社説」は、次のような指摘をしている。

「なぜ学校でいじめが起きるのかには、いろいろな角度からの分析がありえよう。だが、あえてしぼれば、いま学校はすべての子をそれぞれに伸ばす場ではなくなっている。学校が要求する型や尺度に合わせようとし、合わない子を規格外の人間視してさげずみ、憎む。安易な体罰の横行も、そこに起こる。いわば学校教育制度それ自体が、大きないじめの仕組みになっている観がある。」(一九八五年一〇月二八日付「朝日新聞」)

この「学校教育制度それ自体が、大きないじめの仕組みになっている」との指摘は、問題の核心を突くものであり、一五年を経た今日においても、なお言説の輝きを失っていないのではないだろうか。しかし、ここでは、法と法制度の角度からイジメ問題を考えてゆこうとするものであるので、これ以上の言及は控えることにする。

こうして、日本の学校におけるイジメが社会問題化したのに応えて、問題に取り組んだのは、文部省や各地の教育行政当局だけではない。法務省人権擁護局も、イジメを人権侵犯事件として扱うことになった。また、各地の弁護士会においても、この年の一〇月に秋田で開かれた日本弁護士連合会の人権擁護大会の決議を受けて、「子どもの人権救済の窓口」を設置して、イジメ問題に積極的にかかわることになった。更に、教育学者・心理学者・精神科医など関係各界の人々や、市民・親たち、マスメディアなども、それぞれ意見・

提言などを述べ、広く関心を示した。しかし、それらの多くが総論・精神論に止まっており、具体性を欠くものであったことは、先述したとおりである。

その結果、翌一九八六年二月一日には、東京都中野区富士見中二年男子生徒が、重度なるイジメを受けて、「このままじゃ『生きジゴク』」との遺書を残して自死し、社会に大きな衝撃を与えた。日本社会は、イジメに対して実効性のある措置をとることができなかったのである。ただ、一九八六年以降、文部省に報告されたイジメの数が減少に向かったので、イジメに対する社会の関心も一時ほどの勢いをなくした。

ところが、一九九四年一一月二七日に、西尾市東部中二年男子生徒が、暴力と金銭の強要を受けて、「どんどんいじめがハードになり、しかも、お金もぜんぜんないのに、たくさんだせといわれます。もう、たまりません」との遺書を残して自死したため、再び大きな衝撃が社会を襲った。その年の暮れから翌年にかけて、イジメ問題は、マス・メディアを通して社会の注目を広く集め、政府あげての対応策が語られる事態ともなった。文部省の設置した「児童生徒の問題行動等に関する調査研究協力者会議」が、一九九六年七月に出した「いじめの問題に関する総合的な取組について」と題する報告書は、その評価は分かれるものの、教育行政当局や学校現場などに問題を投げかけたことは否定しえない。

これが、「第二次イジメ注目期」である。この社会現象は、九〇年代半ばに達し日本社会の私事化が進む中で、暫時続いた。私事化現象の進行とイジメの社会問題化との関係をどのようにとらえるかは（一例として、前掲・森田洋司『いじめの集団力学』一二六頁以下）、微妙で一筋縄では行かないものを含んでいるが、社会の成熟度の程度や質と深くかかわっていることだけはたしかである。

このように、学校におけるイジメ問題に、日本社会がはじめて注目したのは一九八五年のことであり、それから一〇年後の一九九四年から五年にかけて、再び大きく注目することとなったのである。

学校におけるイジメ問題に対して、日本社会は大きな注目・関心を示しただけでなく、社会のさまざまな分野が問題の解決に立ち向かい、取り組みを行なった。文部省や教育行政当局、関係機関の打ち出した対応策や提言等については前述したとおりだが、さらに学校・教師、親はもとより、市民や研究者、マス・メディアなどもそれぞれに対応策や提言を発し、それらのいくつかは実施に移された。それらの詳細と問題点については、本シリーズの別巻（とくに、第三巻『学校はイジメにどう対応するか』、第五巻『イジメは社会問題である』）に譲るが、それらの実施によって、子どもをめぐる世界に看過することのできない結果が生じたこともたしかである。

では、法と法制度はどう応えたのだろうか。イジメ問題に対する法と法制度の側からの対応がどのようなものであったかを見るためには、まずその前提として、日本社会の「法化」の特質やその中での学校教育紛争をめぐる問題について、鳥瞰的にスケッチしておく必要があるように思われる。スケッチとはいえ、いささか遠回りすることになる感は否めないが、しばらく、お付き合いいただきたい。

2　日本社会の「法化」とその特質——スケッチ風に

日本社会がいわゆる「法化」に入ったと言いうるのは、一九七〇年代の半ばころからである。

［私が以下で、社会の「法化」(legalization, Verrechtlichung) と言うのは、おおむね次のような意味においてである。社会の「法化」とは、およそ社会に生じた一定の問題を法によって解決することを広く指すのでないのはもちろん、法の規制対象となる社会領域が広がることを指すのでもない。また、人々が広く法による支配・操作を受け入れたり、あるいは、法・公権力に依存したりすることを指すのでもない。社会の「法化」とは、何よりも市民が自ら法的過程に積極的に参加して、自主的に法的ルールに準拠して紛争解決や利害調整を行なう行動様式が社会に広く見られる状況を指すものである。それは、法的な価値・手続などを社会において実現してゆこうとする市民の主体的関心・態度に焦点を合わせて、「法化」の意味を捉えようとするものである。］

七〇年代に入るころから、日本においても、高度経済社会の進展に伴って生じた権利侵害からの救済・回復と、政治・経済・社会のゆがみの是正を求めて、市民による権利主張が積極化し、権利実現のために裁判が利用されることも多くなってきた。裁判の紛争解決機能だけでなく、その政策形成機能に対する社会的関心は高くなり、裁判の役割に対する期待も大きくなった。それに伴い、法の機能拡大と法システムの全体的構造に対する研究者・法曹の意識・関心にも変化が見られるようになった。

そうした動向・変化は、七〇年代前半に、公害訴訟や薬害訴訟などが判決や和解によって一定の成果を収め、また、住民運動や消費者運動が「新しい権利」を掲げて主張・展開されたことによって、一般の人々の眼にも次第にはっきりとしたかたちをとるようになった。こうして、七〇年代の半ばには、日本社会が「法化」に入ったことが、確かな共通感覚となったのである。

日本社会の「法化」が進むにつれて、法や法システムに対する社会の関心と要求は高まり、次々と生じる新たな問題に対処するために、一方で法的な規制や保護を求める傾向も次第に強くなるが、他方で法や法システムを市民の主体的参加のもとに自律的に活性化させようとする動きも顕著に見られるようになった。そこでは、利害や意見を異にする人々が公正な手続的ルールに則って、社会各層の正義・衡平に配慮した理性的な議論を行い、紛争を解決することがめざされた。社会紛争を「和」を基調とするインフォーマルな解決に委ねるのではなく、予め定められた規準に従って法的に処理・解決することが基本（あるべき姿）とされ、司法的解決がその中心に据えられることになった。

むろん、日本でも、社会の「法化」は一直線に進められたのではない。日本社会に伝統的に存する「反＝法化」的傾向や、現代社会に広がりつつある「非＝法化」の動きとも複雑に絡みあい、時にそれらの間で相互に綱引きをしたりしながら、徐々に「法化」が進められたからである。

もともと、日本では、伝統的に「お上の掟」として受けとめる法イメージが支配的であり、法を上から一方的に与えられた規制的なものとして、受動的にとらえる姿勢が長い間続いた。第二次世界大戦後、国家による生存・生活への配慮や各種の行政サービスが、法や法システムを通じて頻繁に行なわれるようになると、公権力機関や法に依存する受益者的姿勢がこれに加わった。このため、日本人の法や法システムに対する意識と姿勢は、受動的で受益者的という混淆した色彩を帯びることになった。

七〇年代半ばを迎え、社会の「法化」がはじまり、一方で市民自らが法システムに主体的にかかわり、自主的にこれらを動かそうという意識や姿勢が広く見られるようになっても、その基底には法や法システムに対する受動的で受益者的な意識や姿勢がなお色濃く存した。日本社会の「法化」は、市民が法的過程に自ら参加し、自主的に法的ルールに準拠して紛争解決や利害調整を行なう行動様式をとることを専らとするものではなく、そこにはなお公権力機関としての裁判所や法の権威に依存し、その後見的配慮を期待しながら、権利主張し受益を求めるという特質をあわせ持っていた。

その意味で、日本社会の「法化」は、それ自体日本的色彩を帯びていると言ってよい。アメリカやドイツでは、既に「法化」は過剰ともいえる状況にあるが、日本では、今なお「法化」は不十分であり、司法はもとより法や法システムも本来的な役割を果たしているとはいえない。「法化」は日本社会に十分に浸透・定着しておらず、「法化」の要となるべき民事司法制度も紛争解決システムとしての機能を十分に発揮していないのである。

日本ではいまなお、民事司法制度を、利害や意見を異にする人々が、公正な手続的ルールのもとで、社会各層の正義・衡平に配慮した一定の規準に準拠しつつ、自主的に交渉し論議を重ねることによって合意に達し、問題の解決がはかられる透明な場・システムとしてとらえる見方が十分に根付いていると言えないのである（以上の点については、田中成明教授の論稿、とくに『現代日本法の構図〔増補版〕』（悠々社、一九九二年）と『現代社会と裁判』（弘文堂、一九九六年）を参考にしたが、独自に展開している点も少なくない）。

3　「法化」と自律領域としての学校教育空間の変容

現代社会において、社会の「法化」現象が進行することは不可避だとしても、すべての社会領域で同じように進むわけではない。「法化」が遅れているだけでなく、「法化」することが必ずしもふさわしくないと考えられている領域・分野が存するからである。

現代国家はいわゆる積極国家として、経済・労働・社会保障などの領域に広く関与しているが、表現・芸術・宗教などの精神的自由にかかわる領域はもとより、家庭・教育などの私的領域も、自律的な文化・社会領域として国の関与を控えてきた。個人の自由な活動を保障してゆくためには、それら私的領域の自律性を尊重することが肝要だからである。

しかし、公権力による法の機能拡大は、次第に私的領域内の当事者の有する実質的不平等を是正しようとして、これらの私的自律領域にも関与しはじめるに至った。ハーバマスのいう「生活世界の植民地化」の問題である（ハーバマス『コミュニケーション的行為の理論（下）』（丸山高司他訳、未来社、一九八七年、一二五頁）。

この「生活世界の植民地化」は、社会の自律的な活動を抑圧し、個人の自由を侵害する危険をはらんでいるが、他方で関係当事者間の利害を権利義務として公的に構成し、紛争を公に解決する契機となるものも含んでいる。私的自律領域は、法による保護との微妙なバランスの上に維持されることになった。

広く教育の領域も、長い間、「教育の自律性」のもとで、国の関与・法による介入を最小限に止めて、自律的に問題を解決することを原則とするゆき方がとられていた。とりわけ、教育制度としての学校は、「教育の自律性」のテーゼのもとで、それを侵す学校外のすべての「システム」的要因（ハーバマス・前掲書、六五頁など）を排するとともに、原則として司法の介入を控えるべき空間とみなされた。

しかし、「学校が将来の職業や生活チャンスのふり分けの機能を引き受けるようになればなるほど、これまでインフォーマルに規制されていた生活世界の活動範囲を法制化しようとする傾向が、広範囲にわたって貫徹されてゆく」ことになり、「教育空間の法規範化が、判決をきっかけとしてはじまり……学校の授業や教育措置が……裁判による再審査もできるように……なった」のである（ハーバマス・前掲書、三七四―五頁）。

こうして、学校教育の「法化」は進むが、「学校政策の根本的方向づけをめぐる論争は……生活世界の植民地化をめぐる攻防戦と考えられる。……法制化は、家族の領域に劣らず学校の領域においてもアンビヴァレントな結果をもたらしている。教育的措置や、学校や文部省による基本的権利の制限行為から、生徒や両親の権利を擁護しようとすれば、司法化や官僚制化が教育過程の中に奥深く介入してくるという犠牲を払わなければならない」のである（ハーバマス・前掲書、三七八―七九頁）。

学校教育の「法化」がもたらす自由保障と自由剝奪とのアンビヴァレントにどのように対処するかは、「法化」後の大きな課題となっている。

こうした教育・学校教育分野の「法化」への動きは、ドイツにおいて見られただけでなく、日本においても一九七〇年代に入ってから、徐々に見られるようになり、八〇年代に入ると、はっきりとした形をとるようになった。

すなわち、日本では、国・教育行政当局と教師（集団）との紛争が、司法の場に持ち出されることはあっても、学校・教師と生徒・親との紛争について、長い間、生徒・親が救済を求めて提訴にまで至ることは稀であった。学説においても、学校教育紛争は、できる限り学校内において自治的に解決されることがのぞましく、司法的救済は「やむをえない最後的手段」とする見解が有力であった（例えば、兼子仁『教育法』〔新版〕有斐閣、一九七八年、三〇二頁など）。

しかし、七〇年代に入り、学校内の紛争解決の手段として、生徒・親が裁判所に提訴するケースが増えはじめた。これを受けて学説においても、学校・教師と子ども・親との間の力関係の不均衡を是正し、前者による後者への侵害を権利義務関係として構成して、司法的救済をできるだけ広く認めてゆこうとする見解が、八〇年代以降は多く見られるようになった。

ただ、現実の裁判においては、依然として権利救済に消極的な判決が出されることが多い。それらの判決では、学校・教師の広範な「教育裁量」や「教育的配慮」が根拠とされることが少なくなかったが、その背後には「教育の自律性」や「学校自治」などのテーゼが潜んでおり、司法の関与を控えさせる理由となった。また、生徒・親のなかにも、学校・教師を相手として提訴することに対するためらい・抵抗があるため、現実に提訴にまで至る例はそれほど増えているとはいえない。その背景には、前述したように、学校・教師を相手に提訴に及んだ場合、地域社会からの孤立化や非難・中傷が存することの他、この「学校自治」論を論拠にしての提訴へのブレーキが、その基底に存することは否定しえないように思われる。

いずれにしても、七〇年代半ばをすぎて、日本社会が「法化」すると、学校教育紛争についても、それまでのインフォーマルな解決（紛争が長期化することを嫌い、あきらめて中途半端なまま立ち消え状態で終える場合も含む）だけでなく、司法的解決を求める動きも随所に見られるようになった。しかし、これをなお全面的には是認しない法文化も依然存しており、学校教育紛争の解決の向かう道筋も一直線ではなく、複線化している。

こうして、自律領域であった学校教育空間は、多面的な様相を呈しながら、徐々に変容し、領域自体の制度化と法による自律性の確保を進めることになった。

イジメ問題が、日本の学校教育空間において日常的に生じている現象であることは、前述のとおりである。しかし、それが学校教育紛争としてどのように扱われてきたのか、また今後、法と法制度の側からどのような方向に向かうべきかは、こうした学校教育空間の変容の様相や、その基底に存する日本社会の「法化」の特質をもふまえながら、考察を続けなければならない。

4 学校教育紛争としてのイジメ問題の特色

学校教育紛争としてのイジメ問題には、他の学校教育紛争とは異なった面がある。

イジメ問題の他に、学校教育紛争として通常あげられるのは、教師による体罰(教師の暴力)や懲戒、校則・指導に反したことを理由とする不利益処分・措置、指導要録・内申書の記載や開示をめぐる紛争などである。これらの紛争も、日本の学校教育空間においてしばしば見られる現象であり、問題の深刻さにおいても、イジメに劣るところはない。実際にも、それらの中には提訴されて、司法的解決が求められるに至った例も少なくなく、今後は一層増えることが予想される。

しかし、これらの紛争は、専ら生徒・親と学校・教師との間に生じた紛争であるという特色を持っている。その意味では、紛争当事者の関係は単線であって、明瞭であるとさえ言える。

ところが、イジメにおいては、通常イジメは生徒間において生じるが、問題は生徒間だけでは終わらない。この生徒間で生じたイジメを、学校・教師また親が放置し、軽視し、十分な注意を与えなかったことにより、これを防止し解決しなかったことが問題視されたり、時には学校・教師が生徒のイジメ行為に加担したり、これを助勢したことが問題とされることがある。さらには、学校・教師を指導・監督すべき立場にあった教育行政当局にまで問題の矛先が向けられることもある。

このように、イジメにおける紛争は、イジメの被害生徒と加害生徒の間だけではなく、イジメの被害生徒・その親と学校・教師（さらに教育行政当局）や加害生徒の親との間にも生じることになる。しかも、それらが重畳的に問題となる場合もあれば、直接の相手方は加害生徒・その親であっても、その前提として学校・教師の対応如何があわせて問われたり、逆に学校・教師が直接の相手方にされた場合でも、被害生徒と加害生徒の関係をどのように捉えるかが紛争解決の鍵を握ることがあるなど、相互に錯綜することもある。

その意味で、イジメにおいては、紛争当事者の関係も、単線であるとは限らず、複合的であり、時に錯綜することもある。実際にも、これまでの裁判例（巻末一覧表参照）を通覧すると、被告を加害生徒・その親だけとするものから、学校・教師だけにするもの、あるいは加害生徒・その親と学校・教師を被告として重畳的に責任を問うもの、さらに教育行政当局もこれに加えるものなど、実にさまざまである。これらの裁判においては、これらの被告に対して、被害生徒・親が損害の賠償を請求するというかたちをとるのが通常である。

しかし、最近では、イジメを受けて生徒が自死し・死に至った場合に、その親が死の真相を知りたいとして、これを明らかにしようとしない学校や教育行政当局との間に紛争が生じるなど、新しいタイプの紛争も起きている。冒頭の事例2のように、イジメの疑いでわが子を失った親が、わが子に関して書かれた「作文」の開示請求を求め、更に「学校の調査・報告義務を問う」訴訟の提訴に至ったのも、こうした新しいタイプの紛争の一例を示すものである。その意味では、先述した「イジメ問題の第二段階」における紛争当事者と紛争の性質にまで視野を広げ、これらの問題群にも、法と法制度がどのように応えるべきかを検討することも、いま求められているように思われる。

四　イジメ問題に取り組む法と法制度の現状と今後の課題

1　イジメ問題に取り組む法と裁判の現状

学校教育紛争としてのイジメ問題と他の学校教育紛争との右のような違いは、これに対する法や裁判のあり方にも少なからぬ影を落としている。

とりわけ、体罰（教師の暴力）とイジメは、「学校における暴力的傾向」を表すものとして並んで挙示され問題とされることが多いが、二つに対する法と裁判のあり方には、いくつかの点で違いを見出すことができる。すなわち、体罰（教師の暴力）は、日本の学校教育空間において古くから数多く見られる現象であるが、それらが法の世界で問題とされたのは、相当前に遡ることができる。

まず、紛争となった際に当事者が準拠すべき法として、戦前は小学校令六三条、戦後は学校教育法一一条が存し、そのいずれにおいても体罰の禁止が明記されていた。したがって、その解釈と当てはめをめぐって若干の争いはあったものの、これらの規定に基づいて、当事者間で話し合いを行ない、裁判を進めることができた。

こうして、既に戦前にもいくつかの裁判が存したが、戦後においても早い時期から体罰(教師の暴力)を問う裁判は起こされており、判決にまで至った数は、裁判例集に収められたものに限っても、現在までにかなりの数に達している。しかも、それらのほとんどは、体罰(教師の暴力)の成立を認め、実質的に学校・教師に責任があったことを明らかにしている(なお、公立学校の教師個人に対する賠償責任を、裁判例で認めたものは今のところないが、これを根本的に見直すこと――国家賠償法における公務員一般の個人責任に関する裁判例を、公立学校の教師個人の「体罰」(暴力)という「故意行為の問責」にそのままスライドさせてよいのかどうか――は、喫緊の課題である)。

ところが、イジメ問題については、その様相はかなり異なっている。

イジメ問題が日本社会で注目を浴びた時期については、既に三1で述べたところであるが、そこで暗示しておいたように、イジメ問題が日本で法の世界に登場するのはかなり遅い。イジメ問題について法的責任が云々されるようになったのは、漸く一九七〇年代に入ってからであるが、後述のように、七〇年代においてはまだ散発的にその例を見出すことができるだけであり、本格的に法的責任が問われるようになったのは、一九八〇年代以降のことである。イジメ問題は、長い間、教育問題ではあっても、法が取り組むべき問題とはされていなかったのである。

体罰（教師の暴力）に関する法令が古くから存したことは前述したが、イジメに関する法令は、いかなる形においてであれ、これまで定められてはいない。これは、取りも直さず、イジメ問題が教育問題であっても、法的問題とされてこなかったことを表すものであろう。いずれにしても、イジメ問題が法的紛争となった場合、直接的に問題解決の根拠とすることができる規準・ルールがないので、一般的な法原則・ルールを手がかりにして法律構成をするよりほかなかったのである。その意味では、イジメ問題は紛争の法的解決のスタート時点において、既に相当な困難を抱えていたことになる。

すなわち、加害者とその親の民事責任を問う場合には、一般不法行為の一類型として法律構成することになるが、とりわけ親の監督責任の範囲については微妙な点も存し、問題がなお伏在している。また、学校・教師の責任を問う場合には通常、安全配慮義務とそのコロラリーとしての全容解明義務や防止措置義務などがその根拠とされるが、他の一般不法行為においても根拠とされることの多い安全配慮義務に関しては、そのカバーすべき範囲や法的なインプリケーションがなお一義的に定まっているとはいえないため、これを確立された規準・ルールとするまでには至っていない。

もっとも困難なのは、先述した新しいタイプの法的紛争の場合である。子どもの死の真相を知りたいと願う親に、学校がどのように応えるべきかを規律する定めは現行法令のどこにもないため、さまざまな法律構成の工夫を尽くしたとしても、なお越えがたい壁・限界があることは認めざるをえない。

これらの法律上の問題点は、とりわけ、個別具体的な紛争解決の場として、裁判が選択されたとき、集約的に表れることになる。

本書巻末の「イジメ裁判例一覧」は、私が公刊された裁判例集を手がかりにして作成したものである。これによれば、イジメ問題がはじめて裁判の場で問われるようになったのは一九七〇年であるが、七〇年代においては数件の裁判例があるのみである。一九八〇年代以降、提訴は徐々に増えてきており、九〇年代においては、毎年数件もの提訴が見られるが、イジメ問題の紛争化が毎年かなりの数に達していることからすれば、全体として提訴の件数は依然として驚くほど少ないと言ってよい。また、判決にまで至ったものについてその結果を見ると、原告の請求が裁判所によって認められた数は、一貫して極めて少なく、むしろ全面敗訴という結果が多いのが目につく。更に、イジメによって子どもが自死したとして親が提訴した裁判で、原告の請求が――一部であれ――認容されたのは、わずかにいわき市小川中事件と中野区富士見中事件の二件のみであり、他はすべて原告敗訴で終わっている。

こうした結果を、どのように見るべきかについては、いくつかの見解が成り立つかもしれない。しかし、これは、何よりも、現代日本において、イジメ問題の法的解決の場として、民事訴訟制度が十分に機能していないことを示していると見てよいのではないだろうか。少なくとも、イジメの被害者やその家族にとって、裁判所はいま権利救済の場とはなっていない、との見解(例えば、一九九四年一二月二〇日付「毎日新聞」(夕刊)は、同年一二月までに全国で提訴された計一三件のイジメ訴訟のうち、勝訴は二件のみで、他は敗訴か和解で終わっていると記したあと、「いじめは訴訟によっても救済され難いのが実情だ」と指摘している)を、一方的だとして退けることは困難であろう(なお、イジメ訴訟に見られる法律上の問題点の詳細については、本書収録の織田博子教授の論稿「3　イジメと法のかかわり」を参照していただきたい)。

2　イジメ問題の紛争解決のための民事司法の新しい可能性

日本が「法化」社会に入り、イジメ問題についてもその紛争解決の手段として、民事訴訟制度を利用することが少しずつ増えてきているが、現在それが権利救済・回復機能を果していないのはなぜであろうか。また、今後、民事訴訟制度をイジメ問題の紛争解決の手段として適正に機能させてゆく方向をどこに見出したらよいのだろうか。与えられた紙幅も残り少なくなっているので、その本格的な展開は別に予定されている稿に譲ることにし、以下ではその概要を簡単に述べることにする。

イジメ問題の紛争解決手段としていま民事訴訟制度が十分に機能していない理由は、一つは現在の日本において民事訴訟制度それ自体が機能不全・停滞を来している点にあり、二つは学校教育紛争としてのイジメ問題が現在の民事訴訟制度による紛争解決枠の中におさまりきらないものを本来含んでいる点にあるように思われる。

(一)　民事訴訟実務の機能不全・停滞とその改革・再生の方向

日本社会の「法化」が進むなかで、民事訴訟制度はその中核に位置づけられ、日常的な紛争解決方式として日本社会に定着することが期待されていた。法的紛争を当事者間で自主的に解決できない場合に、法廷において手続法規範に従って自己の言い分を主張し、裁判官によって実体法規範に準拠して権利の判定・救済を受けることが制度的に保障されていることは、個々の紛争を事後的に解決することに資するだけでなく、同時にその解決が他の同種・類似の紛争の解決モデルとなり、社会の紛争調整・解決機能を高めることになるからである。

ところが、日本の民事訴訟制度は、七〇年代以降の社会経済構造や法文化の変容、それに伴う権利主張の積極化、新しい権利の主張、訴訟事件の複雑・多様化などに十分に対応しえず、受動的・閉鎖的な姿勢から脱却できなかったために、国際化の進展する中で、市民生活の要求や国際的なニーズからも遊離してしまうようになった。とりわけ、裁判官の現行法規にとらわれた、柔軟性・弾力性を欠いた姿勢は、新しいタイプの権利の承認に慎重となり、結局は現状を維持・追認するだけで終わることが多かった。こうして、民事訴訟は制度本来の権利救済・紛争解決機能を喪失しその停滞を招いた、との厳しい批判を受けて、その見直し・改革を迫られるに至った。民事司法改革が今般の「司法制度改革」においても論点・課題とされていることは、周知のところである。

既に述べたように、民事訴訟制度は、利害や意見を異にする人々が、公正な手続的ルールのもとで、社会各層の正義・衡平に配慮した一定の基準に準拠しつつ、自主的に交渉し論議することによって合意に達し、問題の解決が図られる透明な場・システムとしてとらえるべきである。このようなとらえ方は、むろん、制度に内在している国家による強制的裁定システムという面を軽視するものではないが、司法過程全体を議論原理を前提とする公正な交渉による合意形成手続としてとらえることによって、「法化」による自由保障と自由剥奪とのアンビヴァレント（ハーバマス）に対処しようとするものである。その意味では、それは民事訴訟制度を、従前のように制度の設営者・運営者（裁判官）の立場からではなく、その利用者（当事者）の立場から捉えかえすことによって、民事訴訟制度の応答性・感度を高めることを指向しているとも言える。

こうして、民事訴訟の制度的枠組みとその下での実務を、利用者の視点で改善する努力を積み重ね、民事訴訟を紛争に対する多様な法制度的対応の中核に据えておくことは、日本の「法化」を一層進めるうえでも必須の前提となるものである。公正な手続保障のもとで理性的な議論が尽くされる場がきちんと機能していることは、原理上それに内在する一定の制度的制約は免れないとしても、権利侵害を受け救済を求めている個人・少数者にとって、それ自体重要な事柄である。

ただ、制度に期待されている役割が十分に果たされるためには、制度の利用者の内にいまなお存する裁判官のパターナリスティクな配慮に期待・依存しながら権利主張し受益を求めるという姿勢から、利用者自身がまず脱し、自立的な姿勢をもって権利主張し、理性的な議論を積み重ねて合意の形成を行うという主体的・積極的な姿勢を堅持することが大切であることも忘れてはならない。制度の設営とその見直し・改正というハード面はもとよりのこと、制度の運用者や利用者の意識・姿勢というソフト面の改革もあわせることなくして、権利救済・紛争解決機能を回復することは困難である。

いずれにしても、イジメ問題の法的紛争に適切に対処する法制度的対応として、民事訴訟が利用された場合、その権利救済・紛争解決機能を果たすためには、民事司法制度の改革と民事司法実務の日常的な活性化を実現して、その法的応答性・感度を高める不断の努力を続けなければならない。

(二)　イジメ問題の特質をふくまえた民事訴訟実務の新しい可能性　学校教育紛争としてのイジメ問題が有している特質については既に述べたが、イジメ紛争の複雑性・複合性と準拠すべき明示的規範の不存在は、イジメ問題の民事訴訟による権利救済・紛争解決を一層困難にしている。

イジメ問題は、複雑で複合的な紛争であるが、法的な解決になじむ問題だけでなく、法的な解決にはなじまず、少なくともこれまでの裁判枠組みにおいてはイレリヴァントなものとして取り除かれていた社会関係・人間関係の将来にわたる調整や情緒的・心理的なトラブルを通常含んでいるので、もともと紛争の限られた法的側面に照準をあわせてつくられた近代法型裁判モデルでは十分に対処しえないという法制度的限界をはらんでいる。近代法型裁判モデルにおいては、民事訴訟はあくまで特定の対立当事者間の具体的な権利義務に関する個別的で、一回的な出来事に対する事後的な解決（過去志向的解決）をめざすものとされ、もともと紛争の全体的解決をめざすものとはされていないからである。

しかし、これら法的（とくに訴訟法的）にはイレリヴァントなものとして考慮の外におかれた社会関係・人間関係の調整問題や情緒的・心理的なトラブルは、過去の一回的な出来事とはいえないことが多いうえ、訴訟の継続中においても存在し・変動してゆくものとして、未来志向的に解決しなければならない面を多く含んでいる。また、イジメ問題においては、イジメ発覚後の問題にも視野を広げ、相応な考慮が払われなければならないことは、既に指摘したとおりである。近代法型裁判モデルやその下での法理論や法制度がこれまで取りこぼしてきた、これらの問題群を等閑視し続けることはもはや困難な時期に達しているのではないだろうか。

少なくとも、イジメ紛争を法的に解決する場として、民事訴訟が中核的位置を占め続けようとするのであれば、これまでのように特定当事者間の個別的・事後的な解決でよしとするだけではなく、イジメ問題に通常含まれている社会関係・人間関係の調整問題や情緒的・心理的トラブルの側面やイジメ発覚後の問題をもその対象領域の中にとりこんで、自らの守備範囲を拡げることがどこまで可能となるかを検討し、法的枠組みを弾力的にとらえて柔軟に工夫する努力（例えば、社会関係・人間関係の調整問題や情緒的・心理的トラブルの中に通常潜んでいる非個別性・普遍性の契機を丁寧に抽出し、法的権利義務問題として構成し直すことは不可能ではないだろう）を重ねることが大切となってくる。

また、多様な民事紛争解決システムの中にあって、民事司法は何らかの権利の判定・承認を行い、その権利の実質的内容である利益・価値を保護することを通して、紛争解決を図るものである。ところが、イジメ問題にあっては、準拠すべき明示的規範・ルールが存在しているとは言えないため、法的紛争における権利救済の必要性が存したとしても、その前提となる権利の判定・承認が容易でない場合が少なくない。

しかし、権利の判定・承認が困難だからといって、これを曖昧なままにしたり、伝統的な法的構成に固執して権利の判定・承認を拒否するならば、イジメ問題における紛争当事者の法的応答性への願いに答えられないことになる。

つとに故・田辺公二判事は、裁判の教訓的機能（prescriptive function）を説いたあと、民事訴訟には「人格訴訟」と「商業訴訟」の二つのタイプがあり、「人格訴訟」は、「相手方の行為の不当に対する人格的非難を、国家機関によって公権的にも烙印してもらうこと、いわゆる『筋を通す』ことが重要な狙いのひとつであり、その本質はむしろ刑事訴訟に近い」ものとして、その重要性を指摘している（田辺公二著作集・第一巻、弘文堂、一九六四年、三五三頁）。田辺判事のこの指摘は、日本における民事訴訟の性格を語る場合にいまなお通用する、と言ってよい。とりわけ、日本で学校教育紛争が訴訟となった場合においては、それらが多く「人格訴訟」としての性格を色濃く帯びていることをふまえて、問題の処理にあたらなければならないように思われる。

イジメ訴訟は、これを提起した被害者やその親にとっては、加害者のイジメ行為の不当性やこれを放置した親や教師等の行状の不当性に対する人格的非難を、国家機関によって公権的にも烙印してもらうことにある、と言ってよいだろう。イジメ訴訟が人格訴訟としての内実を保持し続けるためには、裁判官の法的見解を明示的でないとしても、何らかのかたちで裁判手続中に刻むことが求められているが、それにはどのような配慮・工夫を要するのかを、次の訴訟上の和解のあり方も含めて、熟慮する必要がある。

また、新しいタイプのイジメ紛争においては、救済の前提となる権利の承認・判定をどのようにして行ってゆくか、更には現行法の枠を最大限まで拡げて新しい権利・法的利益の創造・承認をどこまで行いうるか、それが困難な場合に——新たな立法への努力とは別に——どのようにして現に係争中の問題の最終的な解決を図ってゆくのかについて、更に検討を進める必要がある。

のみならず、日本の民事司法では、いまだに給付・確認・形成の三つの訴訟類型しか基本的には認めておらず、単に違法である旨の宣言を求める訴訟(なお、選挙無効訴訟は本来の宣言訴訟とは異なる面を多く有している)や事実を明らかにすることのみを求める訴訟は認めていないため、当事者が民事訴訟制度を通して真に実現したいものとの間にギャップ・齟齬が生じることが少なくない。イジメ被害者・親の中には、加害者やその親あるいは学校・教師に対して金銭請求することはもともと本意ではなく、相手方の行為・対応が違法であることを裁判官に明らかにしてもらうだけで十分であったり、イジメと死との事実関係をめぐる争いを裁判官の判定によって決着つけることで足りるにもかかわらず、その意思・気持に真にそう訴訟類型が用意されていないため、やむをえず金銭請求のかたちをとるなどの迂回した(次善の)訴訟類型に我慢しなければならないことがある。英米法のいわゆるエクイティ上の救済の基盤がないため、現行の裁判手続きでは限界があることは否めないが、現行法の下でもなお裁判制度の利用者の意思・希望にそった創意・工夫の余地がないのかどうか、あきらめることなく検討を続けなければならない。

なお、イジメに関する事実やイジメと生徒の死との関係についての事実調査の結果に関する情報・資料は、学校や教育委員会などの手元に存しているにもかかわらず、イジメ訴訟において——訴訟の相手方が加害者とその親だけの場合であれ、学校・教育委員会なども加えられている場合であれ——これらが開示されず、時に操作されることすらあるため、被害者・親にとっては、情報・資料へのアクセスに多大の困難を強いられることが少なくない。これらのイジメ情報・資料はもともと公正な民事裁判を実現するための前提となるべきものであるから、裁判所は文書提出命令や文書送付嘱託などの手続規定の実効的な運用によるだけでなく、その適正な訴訟指揮を通して積極的にそれらを法廷に提出させ（場合によれば、イン・カメラ方式を考慮する必要もあるだろう）、当事者間の情報・資料のアンバランス状態を是正することを、公正な手続的配慮の第一歩とすべきである。裁判所に求められているこの手続的配慮は、次項の「和解」の場合においても同様に貫かれなければならない（これらの点については、さしあたり、拙稿「学校の情報独占・操作にどう立ち向かうか」『季刊教育法』一一四号、エイデル研究所、一九九八年、一七頁以下を参照）。

3 イジメ問題の「和解」による解決の意味と位置

民事訴訟は、公正な手続と法的規準の下において当事者が自立的な法廷弁論によって個別紛争を事後的に解決する〝最後の手段（ultima ratio）〟である。そこでは、当事者主義的手続の真髄である法廷における口頭弁論を文字どおり活性化・充実化させるとともに、自立的に裁判運営を行うことによって、紛争を裁判官も交えて自主的に解決することが第一義（primary）とされなければならない。

しかし、民事司法制度は、たとえ最善のものに改革され、理想通りに機能するようになったとしても、司法的裁判である限り、原理上それに内在する一定の制度的制約を免れない。司法的裁判においては、判決による紛争解決は、一般的・普遍的ルールに準拠した部分的で過去志向的な解決であり、〝全か無か（all-or-nothing）〟という二分法的思考に基づくゼロ・サム・ゲームである。したがって、具体的紛争を将来の関係などをも考慮に入れて全体的に未来志向的に解決しようとしても、一定の制度的限界があるためこれを果たすことができず、更に、その制度的枠組みをいくら弾力的に運用しても、なお越えがたい限界があることも認めざるをえないのである。

こうした制度的限界を克服する努力はさまざまに行われているが、とりわけ、司法的救済だけでは適切に解決できない紛争について、当事者が互いにその主張を譲歩して合意することによって解決するという「訴訟上の和解」を運ぶ場合が増えてきていることが注目される。すなわち、現行法に規範的に拘束される訴訟＝判決手続では実現できない場合でも、紛争当事者の合意があれば、法規範に拘束されることなく柔軟に一定内容の利益・価値を実現する、訴訟上の和解を成立させることができる。それは、判決では困難な正義・衡平の要求に柔軟に対応したものとして、実質的に新たな権利を創造・承認し、あるいは実定法規範を実質的に変更したに等しい結果となることがある。

また、社会が高度に複雑化し変動が激しくなると、既存の法規範をそのまま適用すると適正な解決ができない訴訟が増えたり、判決の正当化の根拠となる実定法規範の正当性に疑問が生じたりする。このような場合には、権利の判定に基づく二分法的思考による判決よりも、当事者のニーズをふまえて必ずしも権利義務の側面からの法的構成にこだわらない解決が、訴訟上の和解によって図られることがのぞましいことになる。とくに法的判断が微妙に分かれる場合には、法的判断を留保したままで、和解による合意を通して、被害救済の実現・拡充を事実上はかることを優先することも大切である。

更に、訴訟においては、現行の当事者対立主義的な手続の下で二分法的思考によって過去志向的な解決がなされるのであるが、判決によって法的争点について判断しても、紛争自体が全面的に解決されるとは限らない場合がある。複雑な相互依存的・継続的関係の紛争では、当事者間の信頼・自発性を尊重しながら、平和的・安定的な関係回復をめざして未来志向的に関係調整したり、関係当事者間の協議の継続を図ることによって、最終的に解決することができるが、これは訴訟上の和解によってはじめて可能となるのである。

のみならず、当事者の利益・ニーズを既存の法的な枠組みにあてはめて構成すると、かえってその真の利益・ニーズからずれたり、紛争の全体像を歪める場合もある。この場合も、規範的な制約や権利義務にこだわらないで、当事者の利益・ニーズに即して問題解決の道筋を柔軟に工夫したうえで、その歯止めとして法的措置を定めるなどの訴訟上の和解を行うことによって、紛争の全体像から離れないで解決をすることができることになる。

いずれにしても、これらは、民事訴訟において、裁判官による判決はあくまでも紛争解決のためのひとつの手段でしかないとして、訴訟上の和解を、判決と並ぶものとして評価し、位置づけようとするものである。こうして、民事訴訟を、訴訟の提起→提訴後における法廷での弁論→証拠・資料の提出・開示とその共有→法廷の内外での議論の公開などの一連の手続過程に重点をおき、これらを合意形成手続としてとらえることによって、訴訟上の和解に判決と並ぶ位置づけを与え、二つを紛争解決の両輪とみる裁判実務が一般的となりつつある。

裁判所も、判決による法に準拠した権利救済に必ずしもこだわらないで、個別的紛争の適切な解決という点に着目して、当事者の同意を得ての和解の成立に力を注ぎ、その守備範囲の拡大に積極的になってきている。最近では、訴訟上の和解で終了するケースが、地裁では三一％を超え、高裁では三三％強に達していること（一九九八年の司法統計年報による）が明らかにされ、和解が紛争解決において占める割合が増えてきている。

このため、訴訟が民事紛争解決の〝正道〟であり、訴訟上の和解は〝権道〟だとみる見解に代わって、私的自治の原則の下では、むしろ、訴訟上の和解こそが〝正道〟であり、訴訟はこれを補充する〝権道〟だとみる見解すら現れている。また、民事訴訟は、多様な紛争解決方式のなかのワン・ノブ・ゼムにすぎず、紛争解決の最終局面とは限らないし、紛争解決過程全体においては、むしろ周辺的位置を占めているにすぎないとの見方もあるほどである（以上について、田中成明、前掲『現代社会と裁判』四七頁、一一六頁以下参照）。訴訟上の和解を簡単に〝二流の正義〟と位置づけることは、いまや早計とのそしりをまぬがれないであろう（なお、一九九八年から施行された新民事訴訟法において導入された「争点整理手続」は、訴訟上の和解を、弁論と分けたうえ、積極的に位置づけようとするものである）。

現代民事司法における訴訟上の和解の意味と位置を、このように深く多面的にとらえるならば、イジメ問題の紛争解決において訴訟上の和解が極めて有用であり、その利用を今後いっそう検討しなければならないのは必定となるだろう。むしろ、学校教育紛争としてのイジメ問題の特質に即した紛争解決方法としては、一刀両断的な判決よりも訴訟上の和解の方がのぞましい場合が少なくないように思われる。とりわけ、和解のなかにひそむ相手への理解や宥和・宥恕の面やそれに基づく相互の関係の協調的な再構築の面は、イジメ問題の真の解決に資するところが多いだろう。和解における対話的正義は、イジメ問題の解決に向けての努力・工夫の中に、豊かな例証を見出すことができるのである。

その意味でも、中野区富士見中事件を担当した森田健二弁護士が、本書の「4　イジメの救済と解決法」において、「裁判の目的は鹿川裕史君の死を風化させないため、いじめによる自殺の再発防止の具体的指針を裁判上の和解という方法で作りあげることだった」と明言していることは、注目に値する。ただ、同訴訟の場合には、「鹿川君の両親と私たちが目指した、イジメによる自殺の再発防止の具体的指針を、三当事者（被害者・加害者・教育行政当局―筆者・注）で作り上げようと考えた和解も拒絶された」ため、結局、判決にまで至ったにすぎないのである。このように、当事者が「イジメによる自殺の再発防止の具体的指針」を法的に確かなものとして策定しようとしても、現行法の枠内では、その目的をストレートに達成することができる訴訟形態が用意されていないので、はじめから訴訟上の和解の成立をめざして、金銭請求のかたちをとった訴訟を提起するというバイパス利用をするよりほかないことがある。

これに対して、冒頭の事例2の残された親の場合、親にはわが子の教育の受託者である学校に対して、わが子の死の原因を調査して報告することを請求する権利があることを、判決によって明らかにすることを目的として提訴した。しかし、現行法には親の知る権利と学校の説明責任を根拠づけるに足る規定がなく、解釈にも限界があるため、判決によってこの新しい権利の承認を獲得するという目的を達成することは困難であった。そこで、親は、実質的にこれを実現する途を選択することにし、和解に向けての努力・工夫を重ねた。その結果、「学校・市教育委員会は、対応に反省すべき点があったことを謝罪し、今後は保護者らと情報交換し、真摯に話し合い、原因調査に協力する」という内容の訴訟上の和解を成立させるに至ったのである（前田功「わが子のことを知りたい、ただそれだけなのに——当事者として」。代理人の立場からは、細谷裕美「町田作文開示訴訟・報告義務訴訟」。いずれも『季刊教育法　いじめ裁判』一二六号、エイデル研究所、二〇〇〇年に収録）。

この他にも、イジメ訴訟が訴訟上の和解によって解決されたことを報じる記事が時折散見されるが、それらのなかには、単に被害者側が譲歩（金銭賠償を事実上放棄するなど）して終止符を打ったというに止まらず、学校・教育委員会らとの間に紛争の根元として存した心理的対立を解決するに資する謝罪や将来にわたる人間関係・社会関係への手当がなされるなどの措置がとられたことを暗示するものも少なくないようである（最近の一例として、二〇〇〇年二月八日付『朝日新聞』「中三生の自殺、市と両親和解」と題する記事）。

むろん、訴訟上の和解は、事実上の妥協を相互に確認しあうだけで、公正な両当事者の自主的な合意とはいえない場合、裁判官の権力的な事件処理にあわせて不本意ながら訴訟を終了させた（見かけ上の和解）にすぎない場合、当事者の利害・ニーズや心理的要素などに答えることに急ぐあまり、法的な正義・衡平の観点や実効性の面から全体的に評価すると疑義がある場合など多くの危惧をはらんでいる。その他にもデメリット・リスクがある以上、訴訟上の和解を全面的に評価し肯定することができないのも当然である。とりわけ、和解交渉や和解内容において権利保障・権利救済的な視点を欠いたり、被害者への保護・配慮を怠ったり、過度な秘密主義に陥ったりすることはデメリットのみで、到底賛同することができない。それでは結局、妥協による〝二流の正義〟にすぎなかったと言われるだけであろう。

訴訟上の和解が多様な紛争解決手続のなかで正当な位置を占めるためには、何よりも訴訟上の和解による解決の質が、判決や後述の訴訟外紛争解決（ＡＤＲ）よりも優るとも劣らないだけの独自の価値・内容を有していることが具体的に明らかにされなければならない。また、それが当事者の自主的な合意であることを担保するためには、当事者が自律的な紛争解決能力を高められるように、必要な情報の提供や教示が事前になされたり、話し合い・協議に積極的に参加できるような手続的配慮が十分になされる必要がある。

これらは、イジメ問題についての訴訟上の和解についても、同断である。とりわけ、イジメ問題の場合には、裁判官が和解を進めるに際して、学校・教育委員会などが保持しているイジメに関する情報・資料を――文書提出命令や文書送付嘱託などの法手続によってであれ、事実上任意提出を促すことによってであれ――、当事者に開示させて、和解の前提となるべきイジメ情報・資料の共有化をはかることは必須の前提となる。また、裁判官は、イジメ問題がはらんでいる複合的な問題を整理し直したうえで、法的な解決の筋道や骨格のモデルを――ケースの個別性をふまえつつ――いくつか提示して、当事者自身に検討・選択の機会を十分に与えるなどの配慮をしなければならない。

のみならず、イジメ訴訟においては、それがいわゆる「人格訴訟」であり、加害者のイジメ行為の不当性やこれを放置した親や教師らの行状の不当性に対する人格的非難を、裁判所が公権的にすることへの期待・願いが被害者やその親にあること、従って、人格訴訟としての内実を保持したままで訴訟上の和解をするためには、裁判官の法的見解を明示的でないとしても、何らかのかたちで残す工夫が求められていることも、前述のとおりである。この訴訟上の和解においても、裁判官の法的見解を残す工夫は、既にスモン訴訟やHIV訴訟などの薬害訴訟にその前例があるが、その他の事件でも最近は少しずつ試みられている(その一例として、『判例時報』一五九五号一三四頁以下参照)。イジメ訴訟においても、和解過程と和解内容に柔らかなふくらみと幅をもたらす工夫と努力を、当事者の積極的な参加を得ながら、積み重ねなければならない。

こうして、イジメ問題の解決方式として、「訴訟的和解」と「和解的判決」を、事案の具体的様相を十分に見きわめつつ、どのようにして引き出し実現してゆくかは、今後の民事司法全体の質とその有用性を問うものとなるだろう。

4 裁判外紛争解決手続(ADR)によるイジメ問題の紛争解決——制度設計と提言

イジメ問題の法的解決の手段としての民事訴訟＝判決は、たとえ可能な限りその制度の枠を広げ最善なものに改革され、期待された役割を十二分に果たしたとしても、制度自体に内在する原理的な制約があることは否めない。また、訴訟上の和解も、右のようなさまざまな工夫・努力を積み重ね、可能な限りその枠組みを柔軟・弾力的に運用することによって、利用者に応答的な司法的解決を志向したとしても、なお制度的な限界に逢着することを免れえない。イジメ問題の法的処理・解決に資する総合的な制度設計のためには、さらにこれらの制約や限界を補う裁判外紛争解決システムを用意するなど、法的紛争解決システム全体の多元化が必須となるのである。

裁判外の紛争解決手続（Alternative Dispute Resolution, ADR）は、法的紛争解決システム全体の多元化の要請に応えるものとして、日本においても近年、見直しと評価がはじまっていることは周知のところである。紙幅も殆んど尽きたので、ＡＤＲの一般論は最小限に止めざるをえないが、これまで日本では法的紛争解決システムにおいて、ＡＤＲが果たしてきた役割あるいは果たすことができる役割は、過少評価されてきたきらいがあり、少なくとも正当には評価されてこなかったように思われる。裁判中心の紛争解決システム観においては、ＡＤＲは裁判による紛争解決システムの一部として、あるいはそれを補完するものとしてのみ、その存在意義が認められてきたにすぎないからである。

しかし、法的紛争解決システムにおいて、裁判手続の優位性をア・プリオリに前提とすることには問題があり、裁判手続の中心性は現代では必ずしも自明なものでなくなってきているのではないだろうか。裁判中心の紛争解決システムは、一方で裁判手続に過重な紛争解決期待を背負わせることになり、他方でＡＤＲが期待された役割を果たさない場合には最終的・原理的に裁判手続によって埋め合わされるとすることによって、各種のＡＤＲがそれぞれ独自の紛争解決能力を高めることを必ずしも要しない結果となるおそれがあるからである。

そうだとすれば、裁判中心の紛争解決システム観を見直すと同時に、他方で各種のＡＤＲ自身が、特定の紛争解決期待を自らの固有の役割として正面から受けとめ、その紛争解決能力を高めて、裁判手続と同格の立場で、紛争解決システム全体の中で独自の役割を担うことを引き受ける必要があることになる。それは、紛争解決システムの中で裁判の役割を相対化するとともに、各種のＡＤＲが自らの手続の正当化の根拠をどこに求めるか、またそれぞれの手続間の機能的統合・連関をどのようにしてつくりだしてゆくかを今後の課題としなければならないことを示している。その意味で、ＡＤＲを「代替的」と認識すること自体が適切ではないとの指摘（広田尚久『紛争解決の最先端』信山社、一九九九年、四頁）には、共感を覚えざるをえない。

いずれにしても、ＡＤＲは通常そのメリットとして、手続がインフォーマルで融通がきき、廉価で手軽に利用できること、簡易迅速な解決が可能なこと、柔軟で弾力的な救済・解決方法をとりうることなどがあげられており、最近は紛争の特殊性・個別性・専門技術性に合わせた専門的紛争解決手続として特化しうる点もメリットとして加えられている。

このように、ＡＤＲに独自の役割とメリットがあることが明らかになれば、紛争解決を求めている市民・利用者の側においても、裁判手続と各種のＡＤＲとのメリットとデメリットを比較検討して、個々の紛争解決に最も適した手続を自らの判断で選択することができることになる。法的紛争解決のために利用可能な手続の増加は、「法化」社会における市民の主体的法行動に応える基盤を豊かにするものである。

イジメ問題をはじめとする学校教育紛争の解決の場が裁判中心であることは、その意味でも大きな問題である。日々成長している子供にとって、裁判手続により、過去の一回的事実を確定し、一定の法基準をあてはめて裁決されることが必ずしもふさわしい結果を生み出すとは限らない。現在と未来に向けられた子どもの成長過程自体が、錯綜し、もつれてしまった人間関係をときほぐし、関係をつくり直すことを何よりもまず希求し、必要としていることが多いからである。また、これまで繰り返し述べてきたように、親にとっては、学校においてわが子の上に何が起こったのか、どのようなプロセスをたどって子どもが死傷するに至ったのかという事実を解明することに専ら関心がある場合、現在の裁判手続はこれに応えることが原理的・制度的にむつかしいのである。

その意味でも、学校教育紛争の法的解決の場として、子ども・親の立場から特化したＡＤＲを制度設計することは喫緊の課題である。学校教育紛争の特質をふまえた、子ども・親の立場・ニーズに具体的に応えるＡＤＲとしては、まず廉価（子どもは無料）で、子どもにもわかりやすい簡単な手続となっていてアクセス・利用が容易であり、簡易迅速な解決が図られるだけでなく、その解決内容が子ども・親のニーズをふまえた柔軟で弾力的な救済であって、納得して自主的に受容することが可能なものでなければならない。

専ら子どものために設置されたＡＤＲは、これまで日本社会にはなかったが、最近子どもの人権救済のためのオンブズパーソン制度（公的なものだけでなく、民間も含む）が、注目を集めている。とりわけ、川西市が一九九九年四月から発足させた「子どもの人権オンブズパーソン」制度は、先導的な試みとして、特筆に値する。紙幅も残されていないので、そうした制度の設置が子どもの権利状況をモニターする機関として国際的にも緊要とされている（例えば、国連・子どもの権利委員会の「第一回日本政府報告書に対する総括所見」一〇項、三二項参照）ことを指摘するに止め、その余はすべて別稿に譲ることにする（なお、本書の森田健二弁護士

私の構想する「イジメ調査・紛争処理委員会」の概要

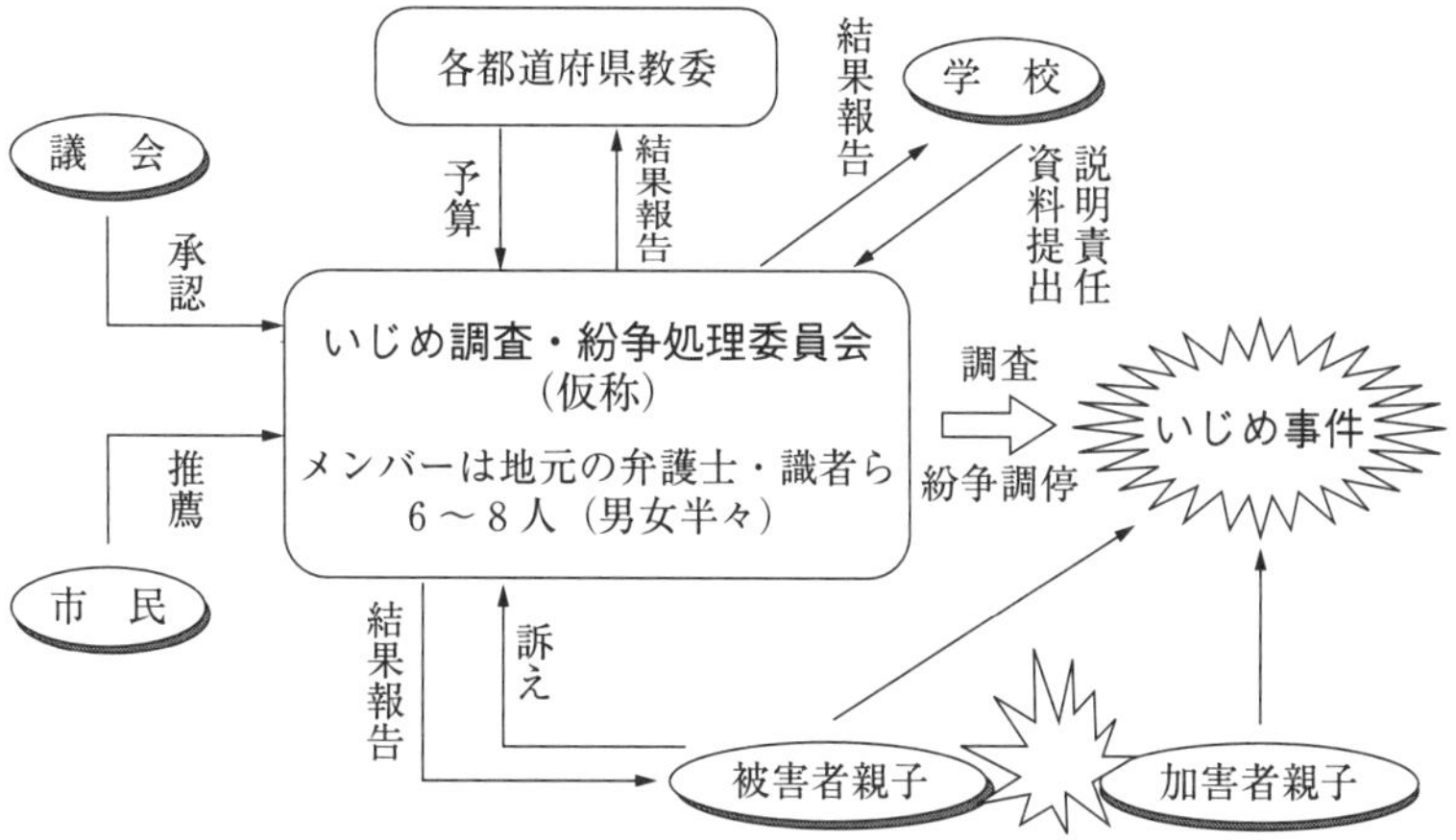

のこれらに関する的確な指摘を参照していただきたい。また、拙稿「子どもオンブズパーソンをめぐる動向と課題(1)」『自由と正義』四六巻一号所収、一九九五年六四頁)は、法務省の子どもの人権専門委員について、その問題点と課題を示している)。

イジメ問題に特化したＡＤＲの制度設計として、私が提言したいのは、「いじめ調査・紛争処理委員会」(仮称)である。

既に繰り返し述べてきたように、イジメの疑いがあり子どもが死を選び・死傷に至った場合、親が学校にまず求めるのは、学校においてわが子の上に何が起こったかであり、どのような事実・プロセスをたどって事件が発生したのかという事実問題であって、法的責任や法的権利義務を直ちに明らかにすることではない。優れたルポ・ライターの記述を借りて、もう一度だけ、この親の希求をたしかめておきたい。

「『学校のまわりには、二重の絶望が取り巻いている』というのが、取材をすすめての実感だった。学校に絶望して子どもが自殺する。学校がいじめを解決しようとしなかったからだ。そのあと、学校側の教育者にあ

るまじき卑怯な対応に接して、こんどは父母が絶望する。（中略）

子どもに先立たれた親に、ただひとつだけのこされた願いといえば、わが子が死ぬまえになにを考えていたかを知ることである。それを知らないようでは、親としての責任をはたせない。さらにいえば、息子や娘がいじめで死ぬ最後の子どもになってほしい、とのせめてもの思いがある。

いじめの状況をあきらかにしないかぎり、解決策はたてられない。とにかく知りたいと願う親の希望を、学校側は遮断する。本気でいじめをなくそう、との気持ちがあるならば、学校は徹底的に調査するしかないはずだ。が、学校側はそうしない。（中略）

民主主義を標榜するなら、情報の公開性と平等性が保障されるべきである。教育委員会や学校が、いじめの情報を秘密にしているのは、子どものプライバシーを護るためだ、といいくるめようとしているのだが、親が知りたいのは、いじめた子どもの名前ではない。実際に起こっていた事実だけなのである。」（鎌田慧『いじめ社会の子どもたち』講談社、一九九八年、一八五～一八七頁）

この「実際に起こっていた事実」を知りたいという希求に、法と法制度は応答し、レスポンシビリティ（応答可能性）としての責任をはたさなければならない。市民・利用者に顔を向けた応答的な紛争解決システムを用意し、制度的な紛争解決能力を高めることは、「法化」社会における第一義的な課題だからである。

しかし、「実際に起こっていた事実」そのものの究明を目的とする訴訟は現在の民事訴訟実務では直截には認められていないこと、そのため損害賠償請求のかたちを借りてその目的を迂回しつつ達成しようとする場合が少なくないこと、その結果本来は法的責任を追及することを本意としていないし、ましてや金銭請求するかたちをとるのは当事者の意に即してはいないことを承知のうえで民事訴訟を遂行することにより、民事訴訟そのものにもある種のゆがみが生じることが避けられないことは、前述のとおりである。

このように、「実際に起こっていた事実」の究明を目的として、民事訴訟を利用することが困難であり、また民事訴訟のかたちを借りることも望ましくないとすると、「実際に起こっていた事実」の究明を主たる目的とする紛争解決システムを、ADRのひとつとして新しく構想する必要が生じてくる。私が「イジメ調査・紛争処理委員会」(以下では、「調査委員会」と略称する)を提言するのは、このためである。その制度設計の詳細は別稿に譲ることにし、以下ではその骨子を紹介し、概要をスケッチしておくことにしたい。

(1) 「調査委員会」は、各都道府県及び各政令指定都市に、独立の第三者機関(当面は条例あるいは要綱に基づく機関)として設置する。

(2) 「調査委員会」の主たる任務は、各都道府県・教育委員会の設置・管理にかかる学校及びその包括する各市町村・教育委員会の設置・管理にかかる学校の児童・生徒に対して「イジメ」があった、あるいは「イジメ」があったことが疑われる場合に、「イジメ」に関する一切の事実・事実経過、児童・生徒の死傷に至る経過・原因を調査して究明することであり、法的責任や教育的責任などを追及することを直接の目的とはしない。

但し、事実調査を遂げたあと、「調査委員会」において紛争解決にあたることがふさわしいと判断し、かつ、関係当事者の依頼・同意がある場合には、斡旋・調停・人間関係の調整などを行うことができる。

(3) 「調査委員会」の委員は六〜八人位とし、議会の承認を経て選任する。

但し、委員の男女の割合は半々とすることを原則とする。委員のうち二名以上は弁護士会の推薦を経た弁護士をあて、教職員（退職者も含む）の選任は二名は越えないものとする。

「調査委員会」は、調査に必要な場合には、複数の専門家を補助スタッフとして委嘱することができる。

(4) 「調査委員会」は、「イジメ」を受けたと主張する児童・生徒または「イジメ」に関係した児童・生徒ないしそれらの保護者の調査依頼の申立て（匿名による申立ても認める）、校長・教師（養護教諭を含む）・スクールカウンセラーの申告、または職権により開始する。

(5) 「調査委員会」は、学校及び教育委員会に対して、学校が実施した「イジメ」に関する「事故調査報告書」及びその作成の前提となった事情聴取書・陳述書などの諸資料の提出を求めることができるほか、自ら事実の究明に必要な調査を行う。

学校及び教育委員会は、委員会の右「事故調査報告書」及び諸資料の提出要求に応じるほか、その他委員会の行う調査に協力しなければならない。

(6) 「調査委員会」は、事実の究明に必要な調査を遂げた場合、その調査結果を「イジメ」を受けた被害児童・生徒とその保護者に対して開示（但し、開示の方法については、関係する児童・生徒のプライバシーに配慮するため別に定めたガイドラインを基準にする）し、また学校及び教育委員会に対して報告する。

調査の開始後これを遂げるまでに要する期間は、六ヵ月を原則とする。

(7) 「調査委員会」の設置・運営に要する一切の費用及び委員・補助スタッフに対する報酬は、教育委員会の予算枠から支弁する。

但し、教育委員会は「調査委員会」の活動には関与せず、その独立性を尊重する。

以上の骨子をもとに制度の概要を図示すると、上図のとおりとなる。

このように、この「調査委員会」は、あくまでも事実の究明を第一義的な目的とするものであり、法的責任や教育的責任の追及を直接の目的とはしない、と自らの任務を限定している。この点については、おそらく異議があるだろう。しかし、その目的・任務から法的責任や教育的責任の追及をはずすことによって、学校・教師や教育委員会、関係する児童・生徒などが自らの責任を追及されることをおそれて、事実を隠蔽したり、資料を操作・隠蔽したり、調査に協力することを拒むような事態に陥ることを防ぎ、事実の究明という目的をより直截に実現することができるのである。

こうして、事実の究明を遂げた結果を、「イジメ」を受けて、死を選び・死に至った児童・生徒の親・保護者に開示することにより、「調査委員会」は、「実際に起こっていた事実」を知りたいという親・保護者の希求に応えることができ、ADRとしての有用性を発揮することができるのである。ADRにおいては、紛争解決手続の完全性よりも、むしろその有用性の方が重要だとされている（例えば、守屋明「裁判外紛争処理手続」、岩波講座『現代の法』5所収、岩波書店、一九九七年、三一五頁）ことを想起すべきである。

このようにして、「実際に起こっていた事実」の詳細を知ることにより、「イジメ」を受けて、死を選び・死に至った児童・生徒の親・保護者も、残された者として心の整理をつけることができ、その結果、学校・教育委員会などとの対立・確執も解消に向かい、また、かえってその意にそわない訴訟を提起しないですむことが少なくないのではないかと予想される。

むろん、この「調査委員会」のような任務を、今後各自治体が設置することになるであろう「子どもの人権オンブズパーソン」などに担わせることも考えられるが、「子どもの人権オンブズパーソン」制度の本来のあり方を大事にする観点からは、なお慎重な考慮が必要であり、当面は別建てが望ましいように思われる。いずれにしても、子ども・親の立場からは、紛争解決手段の多様な選択肢が用意されており、それぞれのメリットとデメリットを比較検討したうえで、自らの状況や意思に一番ふさわしい紛争解決手段を、主体的に選択することができるように制度設計されていることが大切である。

なお、「調査委員会」の事実調査が適正なものとなり、子ども・親の信頼を得るものとなるためには、委員の人選が鍵を握ることは言うまでもないが、議会の選任の前に、委員候補者について市民による推薦や市民の意見聴取の機会を用意することなども考えられるだろう。

最後に強調しておかなければならないのは、この事実調査の結果を、学校・教師や教育行政当局が今後のイジメ発生の減少やイジメに対する具体策の検討・樹立に役立てることの必要性である。

学校・教師や教育行政当局が現実にイジメの発生を減少させ、そのための具体策を検討するにあたっては、不幸にして自らの膝下で現実に起こってしまったイジメの事実・事件を素材にして、真摯にケース・スタディとして学び、そこから今後につながる具体的・実践的な課題・教訓を引き出すことが何よりも大切である。身近に起きた具体的な事実を教師全員が共有することは、学校・教師がイジメに取り組む第一歩である。この国でイジメがあとを絶たないのは、これまではとかくイジメに関する一般論や総論的対策に依拠しがちで、

「実際に起こった事実」には目を塞ぎ、そこから具体的に学ぼうとしなかったからである。「実際に起こった事実」に学ぶことに優る有用な方法は今のところない、と言ってよい。むろん、「調査委員会」の事実調査の結果を、学校・教師・教育行政当局が右の目的・範囲で用いるに際しては、関係生徒のプライバシーなど配慮しなければならない。今後はそのためのガイドラインの作成なども行う必要があり、実践的な工夫・配慮が求められている。

五 まとめに代えて——失敗から学ぶ仕組みを

人間の営みや人間がつくりあげた制度・システムには、誤りと過ちは避けられない。どんなに工夫し考え抜いたとしても、予期し・予想しえぬ失敗が起こることは避けられないのである。「フェイル・セーフ」の思想は、飛行機の世界だけではなく、この世のすべての営み・システムにおいても貫かれなければならないだろう。ましてや、法や法制度は、それが平均人による実現可能なものを基準としてつくられるのであるから、そのもとで過ちや誤りが起こることを防ぐことが出来ないことを、率直に認めることから出発するよりほかない。だからこそ、法も法制度も、失敗から学んで、絶えず見直し、改革・改善を積み重ねてゆく仕組みとすることが求められているのである。

「実際に起こった事実」に学ぶことに優る有用な方法は今のところない、と述べたが、もっと正確にいえば、「実際に起こった失敗」から学ぶ仕組みを作りあげることが今私たちに緊要に求められているのではないだろうか。イジメについても同断であり、むしろ、イジメこそこうした姿勢がとりわけ必要なように思われる（もはや紹介・検討する余地はないが、最近アメリカでは、学校における子どもの死と学校の対応の問題を、正面から取り上げた研究書が出されている。代表的なものとして、Klicker Ralpf, A Student Dies, A School Mourns: Dealing with Death and Loss in the School Community, 1999 があり、示唆に富む）。

柳田邦男氏は、『この国の失敗の本質』（講談社、一九九八年）において、「日本人が失敗を学習しないのはなぜか」と問い、「私にはそういう『文化的な欠陥遺伝子』を持っているとしか思えない」と結んでいる（三二五頁）。私はいま、柳田氏のような文化論的宿命論に立つことにためらいを覚えるが、私たちが失敗を学習する・失敗から学ぶ仕組みをつくりあげる普段の努力を意識的に続ける必要があることだけは、もう一度強調しておきたいと思う。

不覚にも述べるべき多くの事柄を取り残してしまったが、紙幅も尽きたので、まとめに代えて、舌足らずの思いを吐露したままで、本稿をひとまず終えることにしたい。

＊　なお、本稿は、文部省科学研究費補助金（一九九九年度基盤研究C（2））を受けて行った研究の一部である。

3 イジメと法のかかわり

織田博子
駿河台大学教授

一 はじめに

イジメは、イジメられる生徒に深刻な被害をもたらす。したがって、何よりも重要なのはそのような被害を生じさせないことであろう。しかしながら、現在のところ、イジメにかかわって法が登場するのは主として、被害が生じた後に、加害生徒・加害生徒の両親・学校設置者といった加害者側の責任、すなわち加害者側の民事責任（損害賠償責任）および場合によっては加害行為を行った生徒の刑事責任を問題とする場面である。

そこで、本稿では、主として、民事責任の観点から、イジメに関する法的問題をとりあげ、イジメ被害が生じた後の学校設置者の説明義務・顚末報告義務についても考えてみたいと思っている。もちろん、将来的には、イジメ被害を予防するために学校側に積極的措置をとることを請求する権利やイジメが存在する場合には登校しない権利（権利といえるためには、不登校によって不利益を受けないことが保障されなければならない）といった被害生徒の安全権の確立をめざさなければならないであろうが、これは今後の課題である。

二　イジメの認定

イジメ被害に対する法的責任（特に、学校設置者の法的責任）を問題とする場合、まず、教師等学校側の過失が問題となる。過失を判断するに際しては、学校側が被害発生の原因となる状況を予見しえたか否か（予見可能性）、予見しえた場合には、被害を回避するためにいかなる措置をとるべきであったか（結果回避義務）を検討し、学校側がこの結果回避措置義務を尽くしていたと判断された場合には、過失なしとされ、とるべき措置義務を尽くしていなかったと判断された場合には、過失ありとされることになる。そして、学校側が被害回避のためにいかなる措置をとるべきであったかは、いかなる被害を予見しえたかによって変わってくる。すなわち、学校という場は、心身ともに発達途上の多数の生徒が集団で生活する場であるから、生徒同士の衝突や軋轢は、日常的に発生するものであり、それがそのような程度にとどまるものであれば、あえて教師が介入する必要がない場合もある。これを超えて暴力行為が行われたような場合には、教育的な措置をとって、加害生徒を説諭したり、両親に告げてその協力のもとに加害生徒が再びそのような暴力的行為を行わないよう措置をとるべき義務が生じる。さらに、加害生徒らの暴力的行為や暴力を伴わないいやがらせなどが突発的なものにとどまらず、特定の生徒に対して継続反復して行われ、周囲の生徒がそれを傍観しているような状況が続くようなイジメの段階になれば、単にその場その場の行為について対処するのみでなく、より抜本的な被害防止措置をとることが要請される。といったように、具体的状況に応じて学校側がとるべき措置義務の内容は異なるのである。したがって、イジメ被害が生じた場合に、その被害を正しくとらえ、学校側の責任を明らかにしていくためには、何よりもまず、起っている状況が何なのかを把握すること(イジメであることの認定)が重要になってくるのである。

三　加害生徒の責任

イジメにより被害が生じた場合、直接違法行為を行った生徒自身の不法行為責任が問題となる。ただ、加害生徒自身に不法行為責任が生じるためには、加害生徒に責任能力(行為の責任を弁識する知能)が認められなければならない(民法七一二条)。判例では、責任能力があるか否かの分岐点をだいたい小学校を卒業する一二〜三歳くらいとしているので、通常は、小学校低学年の生徒の場合には、責任能力が認められず、中学生になると責任能力が認められるケースが多いといえよう。

また、イジメが暴行や金銭強要を伴う場合には、民事責任(損害賠償責任)のみでなく、刑事責任も生じることになる。

四　加害生徒の両親の責任

未成年者の両親は、未成年者を監督する義務を負っているから、両親が監督義務を怠ったために、未成年者が第三者に違法に損害を与えた場合、両親は、被害者に対して不法行為責任を負うことになる。まず、加害生徒が責任能力のない未成年者である場合、両親は、民法七一四条に基づいて責任を負うことになる。また、加害生徒が責任能力のある未成年者である場合には、加害生徒自身が被害者に対して不法行為責任を負うことになるが、これに加えて加害生徒の両親にも民法七〇九条に基づく不法行為責任が生じる場合がある。それでは、加害生徒に責任能力がある場合と責任能力がない場合とでは、根拠条文が異なるほかにどのような違いがあるか。責任能力のある加害生徒の両親の責任を追及する場合には、両親に監督義務違反があったことを被害者側で主張立証しなければならないのに対して、責任能力のない加害生徒の両親の責任を追及する場合には、加害生徒の違法な行為によって損害が生じたことを被害者側で主張立証すれば、加害生徒の両親が監督義務違反がなかったことを主張立証しないかぎり、責任を負わなければならない。すなわち、加害生徒に責任能力が認められない場合の方が、被害者側の主張立証責任が軽減されているのである。

また、イジメによる被害は、学校の教育活動に伴って生じるものであり、子どもが学校の管理下にある場合には、専ら教師等が生徒の監督義務を負っているのではないか、学校での生活関係についても、両親の監督義務が及んでいるのかが問題となる。この点については、学校の教師等両親に代わって子どもを監督する代理監督者は、子どもの学校における生活関係についてのみ義務を負っているのに対して、両親のような法定監督義務者は、子どもの全生活関係について監督義務を負っており、子どもが学校の監督下にある間も監督義務を免れないとされている。この親権者の注意義務には、イジメや暴行等の具体的事実が明らかでない場合においては、常日頃から子どもに他人の生命・身体に不法な侵害を加えることのないよう教育すべき義務（一般的注意義務）であり、子どもが暴行等の具体的非行を行っていることを知った場合には、当該具体的状況に即して、そのような非行を行わないように適切な措置をとるべき義務（特別注意義務）があると考えられる(1)。したがって、加害生徒の両親がこれらの注意義務を尽くしていなかった場合には、監督義務違反として被害生徒に対し損害賠償責任を負うことになる。

五　学校設置者の責任

イジメは学校の生活関係に伴って生じるものであるから、生徒の学校での生活関係について監督義務を負っている学校側の責任が問題となる。学校の責任を問題とする場合、①学校はいかなる法的根拠にもとづいて責任を負うのか、②誰の過失が問題となるのか、③学校設置者が責任を負う場合、直接被害生徒・加害生徒の指導にあたっていた教師も個人的に責任を負うのか、④学校側は、イジメについてどのような防止義務を負うのかといった点が問題となる。

1　責任の法的根拠

イジメは、学校の生活関係に伴って生じるものであるから、イジメによる被害が生じた場合、学校設置者（国公立学校の場合には国または地方自治体、私立学校の場合には学校法人）の責任が問題となる。それでは、学校設置者は、いかなる法的根拠に基づいて責任を負うのか。これについては、不法行為責任を問題とするのか、債務不履行責任を問題とするのかによって異なってくる。

学校設置者に不法行為責任を問う場合には、国公立学校にあっては国家賠償法一条の公権力行使責任が、私立学校にあっては民法七一五条の使用者責任を根拠とすることになる。国家賠償法では、公権力の行使にあたる公務員である校長以下の教師の過失を基礎に学校設置者の責任を問うことになる。民法七一五条の使用者責任においても、同じく被用者である校長以下の教師の過失を基礎に学校設置者の責任を問うことになる。これに対して、学校設置者の債務不履行責任を問う場合には、学校設置者が生徒との在学契約あるいは在学関係にもとづいて生徒に対して負っている安全配慮義務違反を根拠とする責任を問題とすることになる。この場合にも、校長以下の過失が問題となることが多いが、校長以下の現場の教師は、学校設置者が生徒に対して負っている安全配慮義務の履行補助者ということになり、この履行補助者の過失は学校設置者の過失と同視されるため、教師等に過失がある場合には、学校設置者に安全配慮義務の不履行があるとされることになるのである。

ところで、学校設置者に対して、不法行為責任を問うのか、安全配慮義務違反を理由とする債務不履行責任を問うのかで、具体的にどのような差異が生じるか。抽象的に学校設置者が生徒の生命・身体に対する安全配慮義務を負っているとはいえ、その具体的内容は一義的に定まっているものではなく、安全配慮義務が問題となる個々具体的な場面に応じて、どの程度の注意義務を尽くすべきであったかが決まってくる。(2) したがって、当該具体的事案において、教師等が被害回避のためにいかなる措置を講じるべきであったかを当該具体的状況の下で判断し、過失の有無を認定するという点では、不法行為責任を問題とする場合と同じであるといえる。ただ、被害発生後の損害賠償責任の場面のみでなく、安全のための積極的な措置義務(安全配慮義務の履行請求)や、事後の学校側の説明義務や報告義務も今後考えていかなければならない問題であり、その場合には、在学契約(在学関係)構成をとって、学校設置者の義務の内容を明らかにしていかなければならないであろう。(3)

2 誰の過失が問題となるか

学校において、生徒と直接接触し教育活動を行っているのは、担任教諭や科目担当教諭であり、課外クラブの場合には当該課外クラブの顧問教諭である。したがって、これらの教諭が生徒ともっとも密接な関係にあり、イジメを発見したり、防止したりし易い立場にあるといえる。ただ、イジメは、今日、重大な社会問題となっており、具体的なイジメの兆候がなくても、潜在的にどの学校でも存在しうることが一般に承認されている。また、深刻なイジメが存在する場合、これによる被害を防止するためには、担任教諭や生活指導担当教諭、課外クラブの顧問教諭などの個別的対応では不十分であることも広く認識されているところである。こうしたことを考えれば、イジメに対する対処を直接生徒の指導に当たる個々の教諭にのみ委ねることは適当でなく、学校全体の問題としてとらえ、対処していくべきであるといえる。具体的には、校長等の学校管理者には、イジメのような事態が生じないように教育体制を整えるべき義務があり、これを怠れば学校管理者としての過失（管理過失）が問われることになるといえようし、また、深刻なイジメが発見されたような場合には、校長をはじめ学校全体として被害防止に努めるべき義務があり、これを怠れば学校組織全体としての過失（組織過失）が問われることになるといえよう。(4)

3 教師等の個人責任

学校設置者の責任が肯定された場合、教師等は被害生徒（またはその遺族）に対して個人的に責任を負うか。これは、いかなる法的根拠に基づいて学校設置者の責任が認められたかによって異なる。まず、国家賠償法一条によって学校設置者の責任を肯定した場合には、責任を負うのは国または地方公共団体であって、公務員個人は責任を負わないとするのが確立した判例であるから、校長をはじめとする教師等は個人責任を負うことはない。これに対して、同じく不法行為責任が問題となった場合でも、民法七一五条に基づいて学校設置者の使用者責任が認められた場合（私立学校の場合）には、使用者とならんで被用者も個人責任を負うとするのがこれも確立した判例であるので、教師等の個人責任を追及することも可能である。

それでは、学校設置者の安全配慮義務違反を理由として債務不履行責任が肯定された場合はどうか。この場合には、先に述べたように、校長をはじめとする教師等は、学校設置者の安全配慮義務の履行補助者ということになり、国家賠償法一条のような制限がないところから、過失があった履行補助者の個人責任も問題となる。

ただ、イジメ問題は今日深刻な社会的問題であり、個々の教師等が個別的に対応するのみでは防止することが困難な問題でもあることを考えれば、法的に個人責任の追及が可能であっても、教師等の個人責任を問題とするのは適当でないといえよう。

4 注意義務の内容

(1) 事前注意義務

イジメは、教師等の目のとどかないところで、教師等に隠れて行われることが多いものであり、またイジメられている生徒が教師や両親にその事実を隠していることも多いものであるから、イジメによる被害を防止するためには、教師等は、学校やクラス・クラブの雰囲気、生徒の日頃の行動を十分観察して、イジメの発見に努めるべき義務があるといえる。また、今日では、イジメは特別な問題ではなく、一般化しているとも言われているのであるから、特にイジメの兆候がみられないような場合にも、日頃から生徒らに他人に対する思いやりや、他人の生命・身体を害することのないよう教育をしなければならない義務があるといえよう。判例でも、「学校側は、日頃から生徒の動静を観察し、生徒やその家族から暴力行為(イジメ)についての具体的な申告があった場合はもちろん、そのような具体的な申告がない場合であっても、」「あらゆる機会をとらえて暴力行為(イジメ)等が行われているかどうかについて細心の注意を払」うべき注意義務があるとしている(大阪地判平成七・三・二四判時一五四六号六〇頁)。

(2) イジメの実態調査義務

生徒の行動からイジメの疑いをもったり、被害生徒からの訴えによりイジメの事実が明らかになった場合には、まず、正確に実態を把握することが要請される。そのためには、被害生徒・加害生徒・その他の生徒や被害生徒の保護者等から事情を聴取するなどして、イジメの実態を調査し、実態に応じた適切な防止措置をとるべきであるといえる（大阪地判平成七・三・二四前掲）。

いわきイジメ事件では、加害生徒から強要された金銭を調達するため、教室あらしをしているところを教師に現認され進退窮まった被害生徒が、それ以前にも同様の非行を繰り返していたこと、それが加害生徒の金銭強要に端を発していることを告げたにもかかわらず、被害生徒の告白の矛盾点を解明したり、加害生徒の暴行について事実を確認したりすることを怠り、また、担任教諭や校長に対しても、被害生徒が教室あらしの動機として述べた加害生徒の金銭強要という重大な事実を告げなかった(このことが、本件イジメに対する学校側の認識を誤らせ、適切な対応をとらなかった原因となっていると認定している）ことを、学校側の過失の一つとして認定している（福島地いわき支判平成二・一二・二六前掲）。

(3) イジメ防止措置義務　被害生徒からの訴え等によってイジメの事実を認識した場合、教師等学校側は被害を防止するために適切な措置をとらなければならない。ただ、具体的にいかなる措置をとるべきかは問題である。その学校の雰囲気や被害生徒・加害生徒の年齢・性質、イジメの性質や程度、被害生徒の家庭のあり方等によって対応の仕方が変わってくるからである。ただ、加害生徒に口頭で注意する等の皮相的な対応では足りず、被害生徒の両親との連絡を密にして被害生徒の状況を把握したり、加害生徒の両親にイジメの事実を告げて家庭での教育を促したり、クラス全体の問題として他の生徒の協力を要請したり、場合によっては校内を巡視する等学校全体として取り組むことをしなければならない。また、イジメが激しい暴力を伴うような場合には、警察の協力を要請しなければならないこともあろう。

判例で問題とされた防止措置義務の内容をみてみると、普段から暴力的傾向があり、教師にまで暴行を働いた中学校三年生の生徒が、同級生に暴行を加え出血性脾臓破裂の重症を負わせた事案では、校長はじめ全教員には、「関係生徒及び保護者らから事情を聴取するなどして、その実態を調査し、表面的な判定で一過性のものと決めつけずに、実態に応じた適切な防止措置（結果発生回避の措置）をとるべき義務がある」としたうえで、「漫然経過観察という方法の指導をしていたにすぎず、教員間、教員と生徒間、教員と保護者間における報告、連絡及び相談等を密にするとか、校長又は教頭自らが被告乙山に厳重な注意を与えたり、教員らが校内を見回るなどの指導、監督体制を全校的な規模で行うなどの措置を講じていなかった」学校側には過失があるとして（大阪地判平成七・三・二四前掲）として学校側の責任を肯定している。また、中学校三年生の生徒が、同級生らの長期間にわたる金銭強要や暴行その他のイジメを受け自殺した事案（いわきイジメ事件）では、一般論として、イジメの再発防止および仕返しを防ぐために、学校の教職員全体による協力体制を作り、学級全体の問題として他の生徒に協力を求めるなどし、その下で継続的に、被害生徒らの行動観察、指導をするなどの実効ある方策をとるべきであったとしたうえで、本件イジメ問題については、被害生徒の担任教諭が概ね単独で担当し、他のクラスの生徒も加わった事件については他のクラスの担任とともに処理し、時々被害生徒の教室あらしを現認した教諭とともに処理していたという状況であり、教頭または校長は、時々報告を受け、指導の仕方について指示をし、時には直接指導に加わったこともあったが、これが生徒指導委員会に取り上げられたり、全校的に解決にあたられたということはなかった。被害生徒の担任教諭は、本件イジメを重視せず、個々の問題行動が表面化した都度口頭で注意する程度で、最近の被害生徒と加害生徒の関係、事件の動機や原因、被害生徒の心境等には余り触れられず、問題の全体像を探りだしたうえ、加害生徒や被害生徒を全人格的に指導し、抜本的な解決を図ろうとする姿勢および行動は全く見られなかった点に過失があるとしている（福島地いわき支判平成二・一二・二六判時一三七二号二七頁）。

これに対して、小学校入学後間もなく毎日のようにクラスの複数の児童からイジメを受けるようになった被害生徒が小児神経症を発症し、長期欠席、転校を余儀なくされた事案においては、被害生徒の母親からイジメについて申告を受けた担任教諭が、直ちに加害生徒およびその母親に注意し、被害生徒の母親とも頻繁に連絡をとり、被害生徒が受診していた医師の意見も聞くなどして被害生徒の様子を観察し、しばらくはなるべく被害生徒に付き添って行動するなどしていたことから、担任教諭には過失はなかったとしている（東京地判平成二・四・一七判タ七五三号一〇五頁）。

イジメが発見された場合、いかなる措置をとるべきかは難しい問題である。ただ、イジメは、従来問題となってきた生徒間のけんかや突発的な暴行と異なり、イジメられる生徒とイジメる生徒が固定し、継続的に行われるものであり、被害生徒の精神的・肉体的苦痛は深刻なものであるうえ、その原因や加害生徒の心理等についても複雑な要因が指摘されている。したがって、個々の教師の個人的努力ではこのような事態に対処して被害を防止することが極めて困難であることが一般的認識となっている。このような認識を前提として、学校側がいかなる措置をとるべきであったかを考えなければならないといえよう。また、イジメは、イジメられる生徒に深刻な精神的被害を与えるものであるが、逆にイジメる側の生徒にも精神的な問題があることが多々いと考えられる。したがって、イジメる側の生徒の精神的ケアも考えていかなければならないであろう。

⑷　事後の調査・報告義務

イジメ被害が生じた場合、教師等学校側は、学校におけるイジメの実態や当該被害発生の経緯等について調査し、親権者等に報告すべき義務があるといえる。この義務は、事後的な義務であるから、被害の発生・拡大を防止するためのものではないが、学校事故事例において（特に、被害生徒が死亡した場合には）、学校に子の教育を託している保護者が、何故そのような被害が生じたか、被害防止のために学校側がどのような措置をとっていたか等について、調査・報告を求めたいと請求する事例が多くみられるところから（大部分の学校事故裁判は、学校側がこうした被害者側の要請に適切に対応していないことが原因となっているといっても過言ではない）、今後、事故後の学校側がとるべき措置義務として確立していかなければならないと考えられる。

ところで、この義務はいかなる法的根拠に基づいて認められるか。生徒と学校設置者の間には在学契約が結ばれており、在学契約は委任類似の契約と考えられるから、在学契約に基づいて受任者である学校設置者に顚末報告義務が課される（民法六四五条）ことになろう。(5) また、そのように解しない場合でも、学校教育は、教師等の学校側と生徒および保護者との連携があってはじめて教育効果をあげていくものであり、また生徒の安全をはかることができるものであることを考えると、不幸にして被害が生じてしまった場合に、学校側が保護者に対して被害発生の顚末を報告することは、在学関係における信義則上の義務として当然に認められるべきであると考えられる。

学校事故について、この義務を根拠に損害賠償（法的責任）を認めた判例は未だないようであるが、[6] 医療事故事件について、患者死亡後の遺族からの顚末報告義務違反の主張に対して、患者の死亡経過・原因報告義務を診療契約の附随的義務であるとしたうえで、「医師の基礎的な医学上の知識の欠如等の重大な過失によって、患者の死亡の経過・原因についての誤った説明が行われたような場合には、この点について医師に不法行為上の責任がある」としている判例は参考となろう（広島地判平成四・一二・二一判タ八一四号二〇二頁）。

六　イジメと自殺

イジメは、イジメられる生徒に様々な被害を生じさせる。イジメが暴行や金銭の強要を伴う場合、被害生徒がこれによって傷害を負ったり、金銭的被害を受けた場合には、これらの被害がイジメの直接の結果であることは明らかであるが、被害生徒がイジメを苦にして自殺した場合に、これをイジメによる被害ととらえるか否か、加害生徒や学校側に自殺したことについての法的責任を問いうるかは問題である。

イジメにより被害生徒が自殺した事案に関する判例の見解をみてみると、大きくわけて二つの立場がある。一つは、教師等学校側が被害生徒の自殺について予見可能であったか否かを問題とし、予見が不可能であった以上、自殺についての責任は生じないとする見解である。たとえば、定時制高校四年生の生徒が同級生からしばしば暴行を受けたり金銭を強要されたりし、さらには同級生の所持品の窃盗犯人に仕立てられたりするなどのいやがらせを受けたため、校内で首つり自殺をした事件において、「自殺は人の内心に深くかかわるものであって、他人がこれを予見するということは、当該本人が遺書を残して所在不明になるとか、異常な精神状態にある者が絶えず死を口走り自殺を試みようとするなど、自殺を裏付けるような当該本人の言動が他人に認識し得る形で現出しない限り、極めて困難なことといわなければならない。本件においても、前認定の一連の事実から直ちにA教諭が一一月二〇日の時点でDの自殺を予見し、これを防止する措置がとれたと認めることは困難であり、ほかにDの自殺を防止できなかったことについてA教諭に過失があると断定し得る証拠はない」（新潟地判昭和五六・一〇・二七判時一〇三一号一五八頁）として、学校設置者の責任を否定したり、中学校二年生の生徒が同級生の度重なるイジメを苦にして自殺した事件（中野富士見中事件）において、「いかに一中学生の自殺であるとはいえ、それが一個人の意図的行為であることに変わりはなく、その最後の一瞬におけるまでその者の意思に依存するものである。そして人がいかなる要因によって自殺への準備状態を形成し、それとの相関的な関わりにおいて何を直接的な契機として自殺を決行するに至るかの心理学的・精神医学的な機序（潜在的な準備状態の如何によっては、第三者からみればごくささいなことで、およそ自殺の原因となるとは思われないようなことを直接的動機として自殺を決行するなど、両者の間には相関的な関係があるとされている）は、外部的にはおよそ不可視であって、明白に自殺念慮を表白していたなどの特別の事情がない限り、事前に蓋然性のあるものとしてこれを予知することは不可能であるといわなければならない。もちろん、学校当局者としては、生徒の自殺徴候の迅速正確な発見に務め、その防止のために万全の措置を講じるべきことはいうまでもないけれども、それはあくまでも一般的な可能性・危険性の予測に立って可及的に事故の発生を防止すべき教育行政上の課題としてのことであって、事故の発生後における損害賠償責任の存否をめぐっての法的判断としての予見可能性あるいは相当因果関係の有無の問題とはおのずから次元を異にすることである」として、自殺の予見可能性を否定し、被害生徒が加害生徒らから受けた暴行についてのみ学校側の責任を肯定したものなどがある。

これに対して、自殺そのものについて責任を問うためには、被害生徒が自殺することについての予見可能性は必要ではなく、当該イジメが悪質かつ重大なものであることの認識があれば足りるとする見解である。この見解をとったのは、いわきイジメ事件判決であるが、そこでは、被害生徒に自殺の兆しがあったというまでの事実が認められない以上、学校側が被害生徒の自殺を予見すべきであったということはできないとしつつ、「しかし、そもそも学校側の安全保持義務違反の有無を判断するに際しては、悪質かつ重大なイジメはそれ自体で必然的に被害生徒の心身に重大な被害をもたらし続けるものであるから、本件イジメがAの心身に重大な危害を及ぼすような悪質なイジメであることの認識が可能であれば足り、必ずしもAが自殺することまでの予見可能性があったことを要しないものと解するのが相当である」として、学校設置者に被害生徒が自殺（死亡）したことによる損害の賠償責任を認めている。

ここでは、生徒の自殺の予見可能性が、法的責任を生じさせる過失の判断要素となるのか（責任成立要件の問題なのか）、それとも法的責任を認めたうえで、損害賠償額算定の際の判断要素となるのかが問題となる。イジメが存在し、生徒が被害を受けていることを認識していた以上、学校側としてはそのような被害を防止する措置（学校側のとるべき措置は、教育的配慮に基づいたケース・バイ・ケースの措置であることは前述したとおりである）をとるべき義務があり、この義務を怠った場合には過失が肯定され、責任が認められてしかるべきである。そのうえで、学校側の賠償責任を定める際に自殺という被害をどのように評価するかを考えるべきであろう(7)。この意味では、中野富士見中判決が、学校側に自殺の予見可能性はなかったとして、学校側の過失と自殺被害との相当因果関係を否定し、暴行による損害を認めるにとどまっているのに対して、いわきイジメ判決が、自殺についての学校設置者の責任を肯定したうえで、過失相殺法理を類推適用して、損害賠償額を減額するという手法をとっているのは正当であるといえる。ただ、交通事故被害者が傷害や後遺障害を苦にして自殺したようなケースと異なり、イジメにあった生徒が自殺した場合には、心身ともに発達途上の生徒が、自殺という行動にでたということを考慮して、あまりに多くの減額をすべきでないということに留意すべきであろう(8)。

(1)　中学校三年生の加害生徒らが同級生の女子に集団暴行を加えて死亡させた事件について、「親権者は、中学生の子であっても、原則として子どもの生活関係全般にわたってこれを保護監督すべきであり、少なくとも、社会生活を営んでいく上での基本的規範の一として、他人の生命、身体に対し不法な侵害を加えることのないよう、子に対し、常日頃から社会的規範についての理解と認識を深め、これを身につけさせる教育を行って、中学生の人格の成熟を図るべき広汎かつ深遠な義務を負っている」にもかかわらず、加害生徒らと起居を共にしている親権者らが加害生徒らの行状についての実態を把握するための適切な努力を怠り、適切な指導監督をしていなかった点に過失があるとして、親権者らの責任を肯定した判例がある（大阪地判平成九・四・二三判時一六三〇号八四頁）。

(2)　判例でも、「安全配慮義務の具体的内容は、具体的状況により異なるものであり、その義務の程度も具体的状況に左右されるものである」（福岡地甘木支判昭六二・九・二五判時一一六七号一二二頁）、「安全配慮義務の具体的内容は、当該学校の種類、教育活動の内容等安全配慮義務が問題となる当該具体的状況によって異なるべきものである。」「学校設置者が在学中の生徒に対して負う安全配慮義務とは、実際の教育現場において、その教育活動の種類による危険度と生徒の技能、体力を照らし合わせ、当該具体的状況の下において生徒の生命、身体、健康に危険が生じないよう万全を期すべきことである」（福岡高判平成一・二・二七高民集四二巻一号三六頁、判時一三二〇号一〇四頁、判タ七〇七号二二五頁）などとしている。

（3） 学校側の損害賠償責任を問題とする場合にも、不法行為責任を根拠とするときは、理論的には、被害者と加害者という関係を前提とするだけであって、被害生徒と学校・教師という特殊な関係、すなわち教育関係を前提とするものではない。教育関係という特殊の関係を前提にして安全義務なりその他の成立要件を考えていくためには、債務不履行責任ないし安全配慮義務違反を責任根拠とするのがより望ましい、との指摘もある（伊藤進＝織田博子『実務判例　解説学校事故』一九九二年（三省堂）八一九頁以下）。

（4） 学校事故判例では、従来、直接生徒の指導に当たっている担任教諭や科目担当教諭、課外クラブの顧問教諭の過失が問題とされることが多かったといえるが、イジメ事件に関しては、校長や教師個人が対応するのみでは効果的な防止措置をとることが困難であることが認識され、学校全体で取り組むべきことを指摘する判例（福島地いわき支判平成二・一二・二六判時一三七二号二七頁、判タ七四六号一一六頁、大阪地判平成七・三・二四判時一五四六号六〇頁）がみられる。

（5） 拙稿「在学契約と安全配慮義務」民法における「責任」の横断的考察――伊藤進教授還暦記念論文集（一九九七年・第一法規）二六三頁以下参照。

（6） 中国への修学旅行中の列車事故により高校二年生の生徒が死亡した事故に関する高知地判平六・一〇・一七（判時一五一四号四〇頁）では、本件のような重大な事故が発生した場合、本件修学旅行の経緯を十分検討、調査し、その問題点を明らかにするとともに、今後の学校行事の企画運営にも資するものとすることは学校として当然のことであり、そして知りえた情報は、遺族からの希望があれば可能な限り提供すべきものと考えられるところ、本件において遺族の求める情報の提供が早期になされなかったことは適切な対応とは思われないし」、学校が責任回避的態度をとり続けたことが、「原告らの心情を逆撫でし、無念の思いを募らせる結果となったていることは否定できない」としながら、「右の被告らの行為が、道義的義務の範囲を超えて、法的な義務に違反しているといえるか疑問があ」るとしている。確かに、事後の事故原因の調査・報告は、それがなされたからといって当該事故を防止するために役立つものではないが、学校側は、在学契約あるいは信義則に基づく義務として、事故の顛末を報告する義務を負っているのであるから、これを単なる道義的義務とすることは、大いに疑問であるといえよう。

(7) 被害者が事故による傷害や後遺障害を苦にして自殺した事案について、多くの交通事故判例が事故と自殺との相当因果関係を肯定したうえで、損害賠償額を算定するにあたって、自殺という被害者の意思的行動が関与したことを考慮していることが参考になろう。イジメ事件に関しても、多くの学説が、「自殺はイジメ被害の一内容である」(伊藤進他「座談会／イジメの法的問題と学校・家庭」ジュリ九七六号二七頁以下(伊藤発言))、客観的に予見可能であれば足りる(伊藤＝織田・前掲書三五三頁)、自殺についての予見可能性までは必要でない(潮見一雄「判批」判評三九二号二一五頁、市川須美子「判批」ジュリ九七六号三三頁)としている。

(8) この事件では、被害生徒が自殺したことにつき四割、被害生徒の両親がが被害生徒の教育に無関心であり、被害生徒の心情を理解してやる者がいなかったことを考慮して、三割、合計七割の過失相殺をしている。ただ、被害生徒が、精神的に未だ未熟な中学校三年生であり、加害生徒の苛烈なイジメ(暴力行為)に対して多大な苦痛を感じていたことを考慮すれば、被害生徒の行動に対して、四割の過失相殺をすることが妥当であるか否か、疑問なしとしない。

4 イジメの救済と解決法

森田健二
弁護士

一 葬式ごっこ

1 鹿川裕史君イジメ自殺事件にみるイジメの過酷な実態

「この少年は、首をつってから数分間半覚醒状態というか、意識はかなり残っていたんじゃないかと思うよ。首を吊ったときの紐は買い物袋のビニール紐をつなぎ合わせたもので、かなり伸縮性はあったと思うし、駅の公衆トイレで内側に荷物を掛けるフックを利用して、自分の体重をかけて首を吊ったわけだから、少年が意識を失うまでにはかなり時間がかかったような気がするね。だから、この少年は死ぬのをやめようと思えば、もしかしたらやめられたかもしれない。そのとき、この少年が死ぬことの苦しみよりも苦しいと考えた『生きジゴク』って何なんだろう。これはかなり重い事実だね」。友人の医師は、自殺した当時の詳しい状況はよく解らないが、と前置きしながら話をしてくれた。

「俺だってまだ死にたくない。だけど、このままじゃ『生きジゴク』になっちゃうよ」という凄絶なまでの遺書を残して、一九八六年二月一日、鹿川裕史君が東京から遠く離れたＪＲ盛岡駅の駅ビル地下街の公衆トイレで、首吊り自殺をした。

鹿川君の遺書の全文は次ぎのとおりである。

「家の人、そして友達へ

突然姿を消して申し訳ありません

（原因について）くわしい事についてＡとかＢ（Ａ、Ｂいずれも実名……著者注）とかにきけばわかると思う

俺だってまだ死にたくない。だけどこのままじゃ「生きジゴク」になっちゃうよ

ただ俺が死んだからって他のヤツが犠牲になったんじゃいみないじゃないか。

だからもう君達もバカな事をするのはやめてくれ

最後のお願いだ。

昭和六一年二月一日　　　　　　鹿川裕史」

鹿川裕史君（当時一五歳）のイジメによる自殺は、当時社会問題化していたイジメに苦しむ子供の実態が自殺した少年の遺書という形で残され、しかも事件後、担任の先生ら四名も加わった「葬式ごっこ」が鹿川君

に対して行われていたことや、先生が生徒に「葬式ごっこ」の存在を口止めし、「葬式ごっこ」に使われた色紙の隠蔽工作まで行っていた事実が次々と明るみにでるに及び、当時多発するイジメの防止に、教育現場がいかに無力であり、教師そのものがイジメの加害者にすらなっている現実が見せつけられた事件であった。また、イジメ問題が教育界だけでなく大きな社会問題として取り上げられる契機となった、イジメの象徴的事件ともいえるものであった。

本書のテーマである、イジメの救済と解決法を執筆するにあたり、私たち大人は、まず、子供たちが現に苦しんでいるイジメの過酷な実態を知らなければならないと思う。ところが後に詳述するように、イジメられている子供をはじめ、その周囲にいる子供たちも、なぜかイジメの実態を語らない。イジメられていた多くの子供は、何も語らないまま、あるいは、わずかなイジメの痕跡を残しただけで自殺していく。そのような中で、鹿川裕史君はイジメに苦しむ子供の赤裸々な姿と生きていたい希望と、それでも死を選ばざるをえない苦悩を遺書に残した。私は鹿川君の事件で、その死をたどることによりイジメの本質と、かすかなイジメからの救済の手掛かりをつかんだ。

鹿川裕史君の自殺が報道された直後から、鹿川君の通学していた中野区立中野富士見中学校や鹿川君の自宅及びその周辺には二、三百人規模の報道関係者が詰めかけ、学校の校門から通学路には、マイクとテレビカメラを持ったレポーターが、登下校中の在校生の姿を追いかけた。空にはヘリコプターも飛び、学校上空を何度となく旋回した。そして、連日テレビのワイドショーは、鹿川君の遺族の悲しみと学校の対応のまずさを報じた。このように異常なまでに過熱した報道となった理由は種々あったと思われるが、その最大の理由は、「何だかよく解らないが子供たちがイジメというものに苦しんでいて、子供はそのイジメで自殺することもあるらしい。イジメとは一体何なんだ。子供はどうしてそんなことに苦しむんだ。子供は親や教師に何故訴えないんだ。近頃の子供はひ弱になっているだけなのか。自分の子供時代にも似たようなことはあったが、自分は死ぬようなことはなかった。特殊な世界の出来事ではないのか」、そんな漠然とした大人たちの戸惑いに、痛烈なまでのインパクトを持ってイジメの実態を突き付けた事件であったからということだろう。また、併せて「遊びかふざけているのだと思った」とか「鹿川君から担任に何も訴えがなかった」とか「イジメだとは認識しなかった」という、社会のイジメへの戸惑いと同次元の、弁解めいたことしか言えない教師の無様なまでの姿もあって、中野富士見中の教師は社会的な非難に曝され続けた。やがて、イジメの加害生徒ら一六名は、警察の事情聴取によって東京家庭裁判所に、「傷害」及び「暴力行為等処罰ニ関スル法律違反」保護事件として送致され、送致書記載の犯罪事実どおりの非行事実の認定を受け、保護観察に付する旨の決定を受けた。

また、東京都教育委員会は、中野富士見中の校長、教頭と担任ら葬式ごっこの色紙に署名した四教諭に対し諭旨免職、減給、戒告等の処分を発令した。これらの処分は、教師らの「イジメとは認識しなかった。葬式ごっこもふざけであった」との弁解をしりぞけ、「イジメであったことを認識し、……更に加えて、教師としてあるまじき軽率な行為（葬式ごっこの色紙に署名）にさえ加わったことは、極めて遺憾である。……鹿川裕史君の悲痛な心の叫びを受け止め得ず、指導の不徹底によって、自殺という最も痛ましい事態を招いた」という、中野区教育委員会の都教委に対する報告に沿った事実認定に基づくものであった。これら行政上の処分に対して、校長・教頭をはじめとした各教員はいずれも処分に従い、異議申し立ては行っていない。

2　教師の処分のあと何が変わったか

あれほど社会的な大問題となり、連日マスコミの報道に曝され続けた鹿川裕史君のイジメ自殺事件も、教師らの処分後、急速な収まりを見せ、それに伴って、あれほど「イジメ」防止のため全力をつくすと約束した東京都及び中野区の各教育委員会も、鹿川君の事件を忘れたかのように(少なくとも鹿川君の両親にはそう思えた)鹿川君の補償問題はもとより、行政としての正式な謝罪もなく、時を過ごした。イジメ防止の具体的な指針すら示すことのない行政に対し、鹿川君の両親は「裕史の死が風化することのないように」との願いを込めて、一九八六年六月、東京地方裁判所に東京都と中野区、そして遺書に名指しされた二人の加害生徒の両親を被告として訴えを提起した。原告となった鹿川君の両親の代理人に私達七人の弁護士が就いた。

裁判の目的は、鹿川裕史君の死を風化させないため、イジメによる自殺の再発防止の具体的指針を裁判上の和解という方法で作り上げることだった。そのために必要な当事者として、教育行政の主体である東京都と中野区、さらにイジメの加害生徒側の当事者として、その生徒の両親、イジメられる側の当事者として鹿川君の両親を考え、訴えを起こした。事件はことの性格上損害賠償請求事件とならざるを得ないが、訴えの目的が損なわれることのないよう、金額については一部請求の形をとり、また、報復的な訴訟とならないように、イジメた生徒個人と校長、教頭ら教師個人を訴訟の被告からはずした。

東京地方裁判所での訴訟は、鹿川君の両親はもとより私たち弁護士にとっても、思いもかけない進行をとげた。まず、被告である東京都及び中野区がイジメの存在そのものを否定した。その姿勢から、いわば当然の帰結ともいえるが、鹿川君の両親と私たちが目指した、イジメによる自殺の再発防止の具体的指針を三当事者で作り上げようと考えた和解も拒絶された。被告である行政側の基本的な考えは概ね次のようなものであった。

① 事件当時、イジメの存在を認めたのは教育行政的見地からであって法的に認めたわけではない。裁判になれば法的係争なので別問題である。

② イジメ防止については、既に十分に取り組んでいるので、これ以上のことは裁判の和解として必要だと考えていない。

③ 鹿川君の死に対しては遺憾の意を表明することはできるが、責任があったとは考えていない。

④ 金銭的には、責任とは切り離した、通常の見舞金程度（一〇万円程度）なら検討することは可能である。

当時、中野区の教育委員会は、区民の投票をもとに教育委員の選任を行う全国で唯一の準公選制を採用し、かなり開かれた教育委員会とされていたが、鹿川君のイジメ訴訟は、教育委員会事務局主導で進められていた。昭和六一年九月一二日、教育委員会第三〇回協議会において、訴訟における区側の対応について委員長より、「……例えば学校でのイジメが自殺と因果関係があるということで訴えているのに対して、新聞報道では区はそれを否定したことになっているが、教育委員会で決定したことはない。裁判は教育委員会の手が届かないところで、どんどん進行していくような印象がある」と疑問を出したことに対し、事務局側を代表して庶務課長は、「……この裁判の被告は中野区であって、教育委員会ではない。中野区の代表である区長がどう対応していくか判断する、それを担当する部局が総務部だが、教育現場で起こった事件なので事情に詳しい主管課が協力する……」と述べている。これら行政の対応は一体何を意味するのであろうか。鹿川事件における あまりに激しいマスコミ攻勢の前に、行政と教育現場が学習したことは、イジメによる自殺が発生したときは、まず、

① イジメられていたとする生徒がイジメられていた事実を知らなかったと話すこと
② イジメを知らなかったと言い逃れられないときは、「悪ふざけ」とか「何とかごっこ」と思い、イジメとは考えなかったと答えること
③ イジメを発見できなかった、あるいは、イジメと思いいたらなかったことだけは教師として軽率であったことを認め、謝罪すること
④ 今後は二度とこのようなことが起こらないようにイジメ根絶のため全力をつくすと宣言すること
⑤ イジメがあることはその学校と地域の恥であり、教師にとって処分も受けかねない重大なことなので、教師は互いにかばい合い、イジメの存在は徹底的に隠し続けること、

であった。

その結果、一九八五年に約一五万五千件あると学校から文部省に報告されたイジメ発生件数が、一九九一年にはなんと約二万二千件にまで減り続けていくこととなる（別表参照）。

このような行政の対応は、この後一九九四年一一月二七日、愛知県西尾市の市立東部中学で起きた大河内

図1 イジメの発生件数

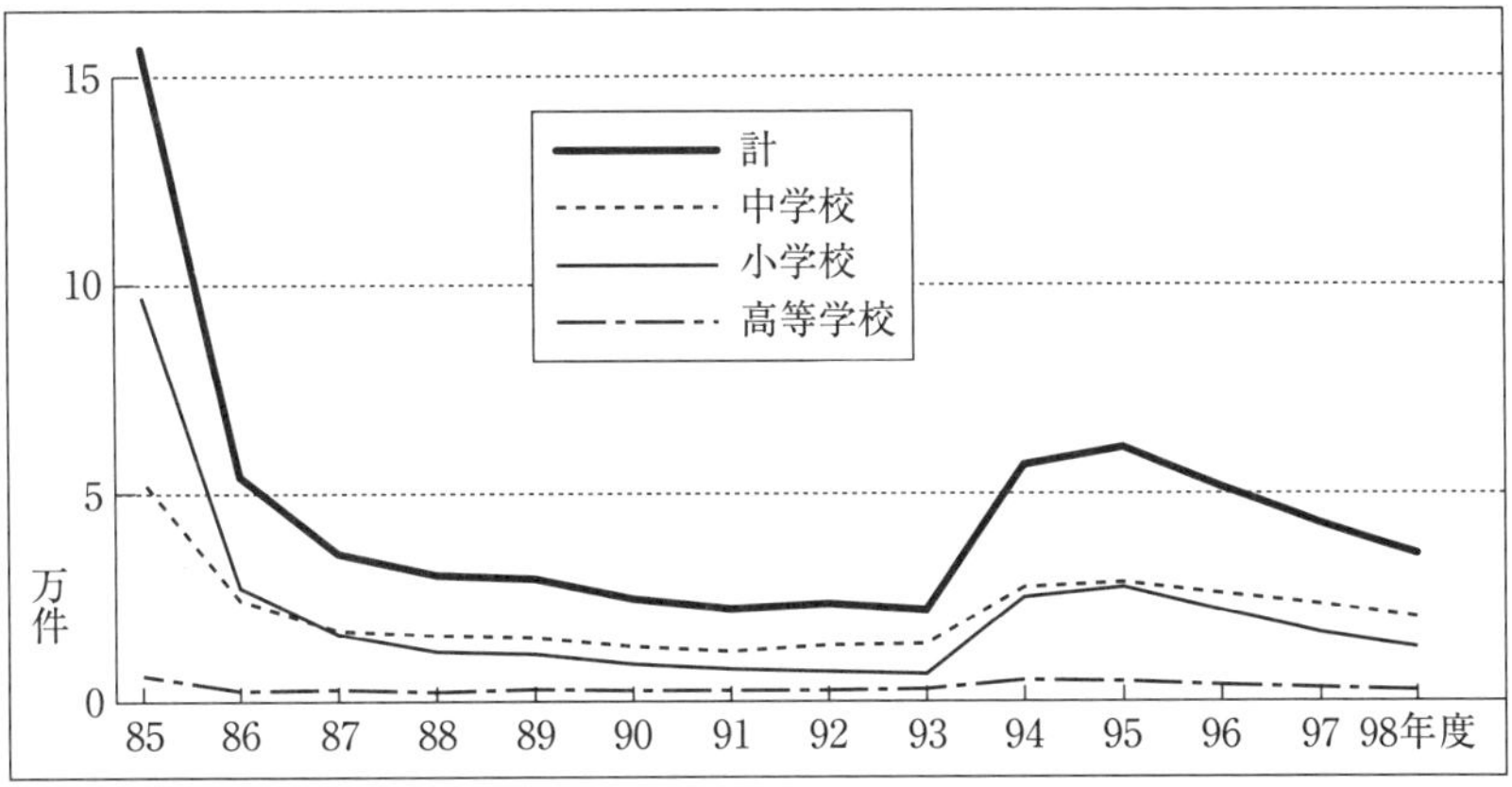

文部省「生徒指導上の諸問題の現状調査」（1996年12月25日「日本経済新聞」に新しいデータを追加）。
（注） 94年度から調査方法を変更。

清輝君のイジメ自殺事件後まで続く。

3 行政の法廷闘争

そして、この行政側の対応に自信を与えたものが、鹿川君イジメ訴訟事件に関し、平成三年三月二七日、東京地方裁判所が言い渡した判決であった。それは、行政側のイジメ否定論を実質的に全て認め、次のように判示した。

(1) 東京地裁は、まず「イジメ」の存在そのものを否定した（一審が認容した損害賠償金四〇〇万円の内訳は、三〇〇万円は鹿川君に対して加えられた三学期中の暴行事件についての慰藉料であり、残りの一〇〇万円は弁護士費用であった）。

東京地裁の論拠は、本件グループを「イジメ」グループとして捉えるより、「気の合った遊び仲間という方が実態に近い」と判示し、併せて次のような指摘をしている。

① 鹿川君は自分の意思でグループに帰属し、校内で

の問題行動もグループと行動を共にしていた。また、使い走りとして使われていたことについても、それがいやだと教師に訴えていなかった。

② 遺書で名指しされた本件グループの二人の同級生らにより、鹿川君に対し種々の行為が行われたが、鹿川君がそれら行為を格別嫌がっていたようには見えず、多くの場合笑っていたことが認定できる。

イ、鹿川君が顔にフェルトペンで口髭やあご髭をかかれ、廊下を歩かされた「フェルトペン事件」のときも、格別嫌がることなく廊下を踊るようにして歩いていた。

ロ、いわゆる「葬式ごっこ」についても、遅刻して登校した鹿川君は、色紙のほか牛乳びんに活けた花、みかん、線香などが自分の机の上に置かれていたのを見て、「なんだこれ」と言って周りの生徒らの顔を見たが、生徒らがこれに答え、そのうちの一人が弔辞を読み上げ出したところ「いつものように笑いを浮かべただけ」で別に抗いもせずに色紙を鞄の中にしまった。

(2) 事実的因果関係については、「イジメ」が当時深刻な社会問題となっていたことや鹿川君が自殺するまでの事実を独自に認定し、逃げ場のない状況でその打開または逃避の方法として自殺したものとしてこれを肯定した(鹿川君の残した遺書については自己顕示欲や自己愛的傾向のあらわれと指摘した)。しかし、法的因果関係（予見可能性）は否定した。

その論拠とするところは、自殺について法的因果関係が認められるためには「明白な自殺念慮を表白していた」などの特段の事情が必要であるとの一般論を展開しつつ、本件の鹿川君が、グループとの関係につき、どのような心理的・精神的反応を示していたかを外部から判断することは著しく困難であり、また、他に鹿川君が明白に自白念慮を表白していたなどの特段の事情も認められないとした。
東京地裁での審理は、約五年に及ぶものであったが、証人として出廷した校長、教頭、担任そして養護教員のすべてが、イジメの存在と鹿川君に対するイジメの緊迫感を否定した。あれほど明確にイジメの存在を認め、イジメの解明とイジメ根絶の宣言をした同じ教員が、そして、警察の取り調べに対しあれだけはっきりとイジメの存在を認めていた教員らが、行政に対する卑屈なまでの従順さで供述を変えた。この鹿川君の事件については、昭和六一年三月一五日、東京法務局長加藤晴明名で、中野区立中野富士見中学校校長宛に次のような勧告が行われている事実まであるにもかかわらず……。

勧　告

貴職（＝校長、筆者注）におかれては、本件発生後全校を挙げて「いじめ」の問題の解決に向けて努力されているところであるが、「いじめ」が生徒の人権に関わる問題であり、その根底には、いじめる子のみならず「いじめ」を取り巻く子供たち全体に、他人に対する「思いやり」「いたわり」の心といった、人権意識の欠如ないし立ち遅れが見られることに留意され、本件における「いじめ」の問題点の徹底的解明と分析を行い、その反省の上に立って学校全体としての取り組みを確立するとともに、本件において貴校教師が「葬式ごっこ」に参加し「いじめ」の徹底化に加担する結果となったことについても、その行為の不当性を同人らに指摘し、二度と再びこのような不幸な事態の生ずることのないよう実効ある措置を採られたく、勧告する。

この判決に勇気づけられるように、他のイジメによる自殺事件でも教育現場の教師たちは、イジメがあったとは思わなかったとワンパターンのように言い、訴訟事件に発展したケースでも、行政側はイジメの事実関係を否認し全面的に争う型を法廷闘争の典型として確立していった。

この結果、後述するようにそれでなくても外部から見えにくい構造を有するイジメについて、現場教師にたまたま見えたイジメですら、サラリーマン化した教師にとっては自分をマイナス査定する要因としてしか捉えられず、その場限りの表面的な指導によって処理され、隠蔽されていくのである。

この対応は、イジメはどこの学校の誰に対しても起こりうること、すなわち閉鎖社会・閉鎖状況に一定の負荷がかかれば、イジメは必然的に発生するのであって、イジメの発生そのものについて教師に責任があるのではなく、発生したイジメを隠したり、見て見ぬ振りをしたりという、イジメの対応を誤ったときに責任が問われるという共通の認識が、教育委員会と教育現場の教師たちに一応確立されてくる一九九五年頃まで続くのである。現に、私がＰＴＡの講演会や家庭教育学級で講演する際、テーマとして、真っ正面からイジメや不登校を揚げることができるようになったのは一部学校を除いて比較的最近のことである。

4　高裁判決のポイント

鹿川君のイジメ訴訟事件の控訴審判決が、東京高等裁判所で言い渡されたのは一九九四年五月二〇日であった。東京高裁は結果として法的因果関係（予見可能性）を否定した点を除いて、東京地裁の一審判決をことごとく覆し、鹿川君の両親の主張を基本的に全て採用した。

(1) まずイジメの存否について、本件グループによる鹿川君に対するイジメを明白に認定した。その論拠は次のとおりである。

① 本件グループの生徒らを、学校内外において喫煙、授業妨害、教師に対する反抗、弱い者イジメなどの問題行動を繰り返す集団と位置づけ、殊に二学期以降、その問題行動は急激に悪質になり、教師に対する反抗、暴行、他の生徒らへの暴行が頻発する非行性を帯びた粗暴行動を反復する集団になっていった。

② 鹿川君と本件グループとの関係は、鹿川君がその意思でグループに帰属したというより、一学期の六月頃、グループの一員により取り込まれた形で本件グループの生徒らと次第に深く交遊するようになった。

③ 鹿川君のグループの中での位置づけは、鹿川君が小柄で、体格、体力面で劣り、運動が苦手で、粗暴な面がなく温和で気弱な方であったため、グループ内で同等の仲間としては扱われず、当初から使い走り役として子分的に使役される立場であった。

④ 鹿川君は無理な要求にも嫌な顔をせず服従し、屈辱的で理不尽な仕打ちにも無抵抗で、むしろおどけた振舞いで応じたり、にやにや笑いを浮かべるだけであったため、本件グループによる理不尽な使役は二学期になると一層激しくなり、事あるごとにイジメの対象とされるようになった。

⑤ 本件グループの生徒らによる鹿川君に対する仕打ちは、二学期以降のものは使い走りなども含めいずれもイジメの一態様である。本件グループの鹿川君に対する要求は、無理難題に近く、通常人であれば

誰しも屈辱感など心理的苦痛を感じないことはあり得ないものであり、二学期の九月段階で、鹿川君も、買い出しを見咎めた教師に「グループから抜けたい。使い走りはもう嫌だ」と述べている。

⑥ いわゆる「葬式ごっこ」についても、葬式ごっこに加わった生徒や教師らは悪ふざけという意識であったとしても、いきなり教室という公の場で、学級の生徒のほとんど全員が参加したような形で行われた、自分を死者になぞらえた行為に直面させられた鹿川君にとって、精神的に大きな衝撃を受けなかったはずはない。教師らは軽率な行為によって集団的イジメに加担したに等しいものであり、鹿川君にとって教師らが頼りになる存在ではないことを思い知らされた出来事と認定した。

(2) イジメと鹿川君の自殺との因果関係については、本件イジメが鹿川君の自殺の主たる原因であることは疑いを入れないと断定した。

また、教師らの過失についても、担任、校長、教頭を含む教師らは、本件グループによって鹿川君が授業中ですら使い走りをさせられ、遺書で名指しされた生徒らによってイジメを受けていることを認識していたし、一二月以降鹿川君が欠席を続け、登校しても隠れていたことを承知していたわけで、早い時期から本件イジメの実態を認識しうる手掛かりを豊富に得ていたから、適切な問題意識を持って事態に対処していれば、その実態を認識しえたはずであり、適切な対処を怠ったために、本件イジメを防止できなかったものであるから、教師らには過失があるとした。

(3) 鹿川君の自殺の予見可能性については、本件イジメの内容を前提としても、イジメを受けた者がそのために自殺するということが通常のこととは言い難いところであるし、担任も、鹿川君の両親も、家出前の鹿川君の言動や素振りから、自殺の可能性をうかがわせるような印象は受けておらず、教師らにも加害生徒の両親らにも、鹿川君の自殺についての予見可能性があったとは言えないとした。

(4) 中野区と東京都の責任は、教師らに過失が認められる以上中野区には国家賠償法一条、東京都には同法三条一項により賠償責任があるとした。

また、加害生徒の両親についても、本件イジメを行った当該生徒は、一四歳で既に責任能力を有したが、両親にも親権者として子どもが不法行為を行わないよう監督すべき義務があり、これを怠った過失があるから賠償責任があるとした。

(5) 賠償額については、鹿川君が継続的にイジメを受けたことによって被った肉体的・精神的苦痛は誠に深刻かつ甚大なものであるから、慰藉料は一〇〇〇万円が相当であり、ほかに弁護士費用一五〇万円を認容するとした。

5 イジメの解明と教師の役割

鹿川君イジメ訴訟事件の高裁判決の要旨を一審判決と対比しながら、かなり詳細に引用した趣旨は、①まずイジメの本質をよく理解した判決と評価できる、②イジメ予防のために果たすべき教師の役割の大きさを判示していることにある。この二点は、イジメが学校という教育現場と登下校という教育現場の延長上に発生している事実を考えたとき、本書の目的の一つである、イジメの解明と子どもをイジメから救済する方法を考察するにあたり、重大な示唆を与えるものと考えられる。そこで、教師の役割の重要性をこの高裁判決からさらに読み取ってみよう。

(1)　イジメはイジメる側とイジメられる側によって見方が大きく変わる特質を有しているが、この高裁判決は、「イジメ」を、イジメられる側の立場に立って弱者を救済する見地からの判決となっている。

一審判決が、「葬式ごっこ」が一つのエピソードに過ぎないと論じ、またイジメは決してなくならないと断じた独自の教育論を展開していたのに対し、高裁判決は、加わった生徒や教師は悪ふざけという意識であったとしても、当人が精神的に大きな衝撃を受けなかったはずはないとする、子を持つ親だけでなく誰もが首肯せざるをえないイジメ論を示している。また、教育論としても、特別な理論を大上段に構えることはしなかったが、弱者を切り捨てることなく、弱者の立場に立って、イジメ問題を考えている。

(2)　イジメ予防のために、教師の果たすべき役割の大きさについても判示している。「葬式ごっこ」について「教師らは軽率な行為によって、集団的イジメに加担したに等しいものであり、本人にとって教師らが頼りになる存在でないことを思い知らされた出来事」としたのは、それだけ子供たちにとって、教師は重要な存在であることを認めたものであり、その教師に対し子供たちが決定的に信頼感をなくしたときは、子供たちは最後の命綱を断ち切られるような絶望感を抱きかねないという警鐘を鳴らしている。教師、殊に日々子供たちと接する担任の教師に期待されるものは大きく、教師の鈍感さと怠慢は許されないことを厳しく指摘している。

(3)　この高裁判決における自殺の予見可能性についての理論は、旧来の判例理論をそのまま踏襲したもので、その意味で常識的な判断であるとは考える。しかし、高裁判決で述べられたように、正しくイジメの実態を把握できるのであれば、鹿川君のように激しいイジメにさらされ、しかも登校拒否ないしは登校できない徴表事実を教師側が現に認識していたり、認識しないことについて重大な過失が認められるときは、イジメと自殺について予見可能性があると推定できるとの理論、若しくは、せめて立証責任が転換されるとの理論を採用して欲しかったと考えるが、本書の直接のテーマではないので、これ以上の言及は避けたい。

6　イジメは減少しているか

鹿川君イジメ訴訟事件は、訴えの提起から控訴審の判決まで約八年を要した。この間、文部省の全国調査によれば、イジメの発生件数は一九八五年の約一五万五〇〇〇件をピークに減少していると報告されていた。しかしながら、この調査はあくまで学校から文部省に報告されたイジメ発生件数であり、イジメが教師に把握しにくい構造にあることや、前述のような現場の教師同士のかばい合いとイジメ隠しの実状を考えれば、この報告件数は到底鵜呑みにするわけにはいかない。現に鹿川君のあれほどのイジメが、報告件数に含まれていなかったことが何よりも実体を物語っている。イジメの報告件数の減少は、実はイジメが子供たちにとって特別な出来事ではなく、誰にでもあるごく普通の日常的な出来事へと拡がり、深化し、質的な変化を遂げて行った結果だったのかもしれない。

そして、鹿川事件の控訴審判決というイジメの実態を見つめ、現場教師の責任の大切さを指摘した判決が下されても、イジメに苦しむ子供たちの深刻な事態に何の変化も見られなかった。行政も教師も、鹿川事件や控訴審判決から何も学ぼうとはしていなかった。

鹿川君の控訴審判決が言い渡された一九九四年五月二〇日からわずか一ヵ月余りのうちに、なんと四件のイジメ自殺事件が発生した。

まず、判決後の一〇日足らずのうちに岡山県総社市で中学三年の男子生徒がズボンのポケットにメモを残し、また、その数日後に愛知県安城市で高校一年の男子生徒が遺書を残して、自宅近くのマンションから飛び降り自殺をした。そのほぼ一月後、東京都江戸川区で中学三年の男子生徒が、遺書を残して同じく飛び降り自殺をし、そして神奈川県津久井町では中学二年の男子生徒が自宅で首をつって自殺した。

これらのイジメ自殺事件の多発は、鹿川事件を担当した私たち弁護士を苦しめた。鹿川君がイジメを受けている子供たちに残したメッセージは、「自殺がイジメからの脱出にはならない」ことであって、「自殺がイジメた子供たちに対する報復の手段」では決してないからである。鹿川君が自殺した一九八五年度に、イジメを苦に自殺した子供は九人いたが、一九九四年度にも同じく九人の子供が死んだ。朝日新聞記者・豊田充氏は、著作『清輝君が見た闇――いじめの深層は』(大海社)で、八五年度をイジメ自殺の「第一次多発期」と位置づけ、九四年度を「第二次多発期」と呼んでいる。豊田氏は一九八五年の第一次イジメ多発期からイジメ問題に取り組み、鹿川君のイジメ自殺事件も、事件の発生からイジメ訴訟の第一回公判以降、控訴審判決までの全手続を一度も欠かさず傍聴した唯一の記者である。豊田氏の『葬式ごっこ』(共著、東京出版)と『葬式ごっこ　八年後の証言』(風雅書房)は現地取材と同氏だけにしか築きえなかった、鹿川君の同級生や教師、その他多くの人々からの取材をもとに鹿川事件の全貌を明らかにした著作である。同氏の著作から私たち弁護士は、事件中も、そして、その後も多くのことを学んだ。豊田氏は、イジメ自殺「第二次多発期」の特徴として、「……金をせびり、おごらせるケースが増えたこと、生徒の死後も学校がいじめを隠す例が多くなったこと、一方、いじめた側を追及する傾向が強まったことが浮かんでくる」と指摘している。私はさらに、「第二次多発期」以降の特徴として、次の二つの点を指摘できると考えている。

その一つは、遺書（メモ等を含めて）を残す例が多くなっていることであり、もう一つは、その遺書の内容にイジメた子どもに対して激しい怒りと報復を訴えるものが増えてきていることである。長崎市で飛び降り自殺した中学二年の女子生徒は次のようなメモを残している。

「消えてやるよ。てめえらも、オレ自身もそれを望んでいるはずだ。なら望みどうり消えてやるよ。てめえらのそのうざったくこざかしい『いじめ』もなくなるし、そのすさんだカオも見ずにすむ。……だが、おぼえておけ。オレはテメェらに殺されたも同じだ。」

私には男言葉を使ったこのメモに、女子中学生の悲しいまでの心の傷と長期間に亘るイジメの過酷な実態を見せつけられた思いがしてならない。

鹿川君のイジメによる自殺事件以降、最も社会的反響を呼んだ事件が、一九九四年一一月二七日に発生した大河内清輝君のイジメ自殺事件であった。清輝君は自殺するにあたり実に詳細な遺書を残した。また、鹿川君イジメ事件と異なり一一〇万円もの金品を脅し取られていた。清輝君は自殺する一〇日前から遺書を書き始めたそうであるが、死を決意しながらも、イジメた生徒と登下校を共にし、お金を取られ続け、遺書を書く清輝君の心の風景をどう思い描けばよいのであろうか。清輝君のイジメには、鹿川君の「葬式ごっこ」に見られた教師達のイジメへの直接的な加担は見られなかったが、私には、鹿川君と清輝君の二人のイジメ自殺事件の本質には何も相違点は認められない。学校という教育現場で発生し、イジメの徴表・シグナルは教師達にあり余るほど示されながら、見て見ぬふりをしたり、場あたり的な指導しかしない教師達の姿を見せつけられるにつけ、鹿川君のイジメ事件は何一つ教訓として残されておらず、イジメに苦しむ子どもの過酷な実態は、八六年当時と全く変わっていないことを思い知らされる。清輝君の事件は、鹿川君の事件の時のように私が代理人弁護士として関わりをもったわけでないので詳細を語ることはできないが、少なくとも知り得た事実を総合すると、清輝君のイジメ事件も鹿川君と同じように、潜在化し外部から見えにくい他の多くのイジメと全く同じ構造の事件と思わざるをえない。私たちは鹿川君のイジメ事件を担当し、事件を通じて鹿川君から託されたメッセージを、イジメられている子供たちに伝える役割を担っている。イジメにより自殺した多くの子供たちの死から、「イジメからの救済」の手がかりを学んでいかなければならない。

二　イジメの構造とイジメ救済の手がかり

1　大人は頼れないのか

イジメが、すでに詳述したように過酷であって、子供たちを苦しめているとしたとき、子供たちは何故その苦しさを親や教師に訴えないのであろうか。この素朴な疑問は大人一般の疑問であると同時に、イジメで突然自殺された子を持つ親たちの共通の疑問となっている。

大河内清輝君のケースを見てみよう。

清輝君は四通の遺書と旅日記を残して自殺した。その遺書の全文と旅日記からは、イジメの執拗さと恐ろしさと苦しさが伝わってくると同時に、家族の温かさと、家庭がイジメからの最後の逃げ場であったこともよく書き綴られている。

「……もっと生きたかったけど……。家にいるときがいちばん楽しかった。いろんな所に、旅行につれていってもらえたし、何一つ不満はなかった……」

「……とても楽しかったよ、お父さん。お母さん。いつも、つらい目にあっていたことをその日だけ忘れることができた……」

「……いつも、ひどい目にあっていたが、心の優しい母のおかげで忘れることができた。ありがとう、お母さん……」

この清輝君の気持を、ご両親、ご家族はどんな思いで感じ、遺書・旅日記を読んだのであろう。そんなにイジメが苦しかったなら、死ぬ前に一言だけでもそのことを話してくれたらよかった。家庭が唯一の逃げ場で、家族がいたから死ぬのを一度は思いとどまってくれたのなら、話をしてくれさえしたら、自分の命に替えても守ってあげられたのにという、親たちの共通の悔いと疑問が、マスコミを通じて、全国のイジメられている子供たちに訴えられた。

「イジメに苦しんでいる君たちに。イジメがそんなに苦しいのなら、なぜ、イジメが苦しいと親や教師に訴えないのですか。君たちの家庭での姿を見ると、とてもそんな苦しいイジメにあっているとは思えないのです。死ぬほどつらいイジメにあっていて、苦しいのなら、お父さんやお母さんはどんなことでもするつもりです。どうぞ教えて下さい。」

マスコミを通じたこんな親たちの訴えに答えるように、清輝君の両親宛にも、全国のイジメられている子供たちやかつてイジメを受けていた子供たちから約千通の手紙が寄せられた。そして、その手紙の内容がNHKスペシャルで放映され、インタビューを交え、次のようなことが明らかになった。

① 子供にとって、イジメを受けていることは、とても恥ずかしいこと。

② 自分がイジメにあっていることは人に知られたくないこと。イジメられていることを、教師や親に訴えることはチクリとして子供たち全員から忌み嫌われていること。

③ 教師や親にチクれば、必ずもっと激しいイジメにあうこと。

④ イジメ解決に教師は頼りにならないこと。

⑤ 教師に話すと、イジメられる側にも問題があると逆に叱られるケースもあること。

⑥ 教師や親にイジメを訴えてイジメがなくなったためしがないこと……。

2　イジメ発生のメカニズム

イジメを語らない、いや、語れない子供の、この現状を直視すれば、子供を救うためにどうしてもイジメ発生のメカニズムを知ったうえで、イジメ救済の適切な手だてを講じるしかない。

鹿川君のイジメ訴訟の控訴審の段階で、大阪市立大学の森田洋司教授と何度もお会いし、森田教授から「現代型イジメの四層構造」についてお話しを聞いた。そして、意見書の提出をお願いしたが、その意見書は明らかに高裁判決に大きな影響を及ぼした。森田教授の『いじめ――教室の病い』（金子書房）は、イジメの四層構造を次のように指摘する。

「イジメられる子のまわりを、イジメを仕掛ける加害者（自分も次の標的になりかねない被害者兼加害者を含む）、はやし立てる観衆、見ぬふりをする傍観者が取り巻いている。一見、中立的な傍観者の存在が、実はイジメに歯止めをかけにくくする方向に作用することが多い。」

森田教授は、さらに、「イジメに限らず、不登校といった現代型問題行動の……ひとつの大きな特徴は、まずこれが日常生活の延長上のできごととして起こっていることで、だからこそ、日常化していく要素がある」と語っている。

また、教授は、「イジメというものは、ひやかし、からかい、冗談といった我々の日常生活の潤滑油たりうるものから始まる。……ふざけだとかジョークだとかパロディーだとかの要素は、以前より重要視されている。子供たちの人間関係でも、そういったものを重んじる傾向が強い。

そして、人権意識や個人の意識が希薄な土壌の中でも、そういうギャグが行われる場合、イジメは非常に大きなものになっていく。イジメには、どこかで歯止めが存在しているはずだが、いまの日本社会は……そういう文化が未成熟な段階である。

イジメの出現率と相関関係があるのは、イジメっ子の数ではない。傍観者が増えるとイジメっ子が増える。学級の中の許容的雰囲気、あるいは、仲裁に入れない雰囲気が影響を与える。止めに入ろうとしても、傍観者が多ければ、止めに入れない。自分が被害者になる恐れがあるだけではない。いまの子供たちは、対人関係に非常に敏感である」とも指摘している。

森田教授の「イジメの四層構造」は、鹿川君のイジメ事件にそのままの姿で出現した。報道で知る限り、清輝君の事件にも、そして、私が相談を受けた多数のイジメ事件にも、まさに森田教授の指摘したイジメの構造そのものが見てとれた。この構造の中で、学校や家庭や地域社会が、そして私たち弁護士を含めた大人たちが、イジメ解決の手がかりを探っていかなければならない。大人たちは、子供たちがイジメを語れるような信頼関係を築かなければならない。その信頼関係は、大人たちの作ったルールに子供たちを従わせるのではなく、子供たちのルールの中に大人たちが入って、大人が子供のルールに従うことである。そのときの大人たちは、イジメの構造とイジメの不可視性を十分に理解しながら、イジメ解決という目的を的確に把握して、主体性を持ちながら、今、自分のとっている行為の意義を理解し、子供のルールに入っていかなければならない。大人が主体性と自分の行為の意義を誤ると、単に子供に迎合するだけとなり、鹿川君の葬式ごっこにおける教師と同じく、イジメの加害者となったり、イジメを場当たり的な指導で潜在化させたり、より陰湿なものへと深化させてしまうことになりかねない。

子供は大人が考えている以上に、対人関係に敏感である。大人が規則をつくり、それを守らせようとすれば、表面的には素直にそれに従ったように見せる。弁護士が相談を受けるときも、弁護士が法や社会のルールで物を言えば、子供は大変良い子になって「はい、よくわかりました。ありがとうございました」と礼を言ってその場を終える。イジメの救済(予防)と解決のために、旧来の手法は通用しない。それが伝統的に確立された、あるいはマニュアル化された指導方法であったとしても、現代型イジメには絶対に通用しない。

それでは一体どうすれば良いのか。それは、あるイジメが発生したら、そのイジメを認知（シグナルも含めて）した大人が他の大人と、互いの認知した事実を共有しながら、互いの考えを出し合い、話し合って、そのイジメを解決する方法を考えていくしか方法はない。そのケース、そのケースごとに考えていくしか方法はない。その場かぎりの解決ではなく、アフターケアも含めてイジメは継続的に大勢の大人で見ていかなければならない。そして、イジメは個々の生徒の個人的な問題ではなく、森田教授の著作の題名に示されたように、まさに、「教室の病い」なのである。だから、イジメの救済あるいは、イジメ解決法というものを端的に言い表わすのならば、「教室にかかっている重い負荷を取り除いてあげて、個々の子供の主体性を確立し、教室全体の心理構造そのものを変える」ことである。

ところが、これは大変困難なことである。なぜなら、教室に重い負荷をかけているのは実は中学・高校入試も含めた教育制度そのものであったり、子供が子供らしくいられる環境をなくした政治的・社会的制度そのものであるし、また、個々の子供たちの主体性を確立するといっても、主体性が欠如しているのは、子供だけの問題ではなく、大人それ自体の問題だからである。

人間として主体性を確立することの難しさは、世界の歴史がこれを証明している。第二次大戦におけるドイツでのナチスの台頭と独裁は、ドイツの知識階層の主体性のなさを如実に表したし、太平洋戦争の終結に至るまでの日本の軍部独裁にも同様のことが指摘されよう。大人にできないことを子供にだけ求めることは実効性のない空論である。

それならば、一つひとつのイジメを丹念に考えていこう。イジメが見つかったらそれを隠すことなく、まわりの大人に知らせて一緒に考えよう。イジメがあることは決して恥ずかしいことではない。イジメはどこの学校にでも、そして、どんな生徒にでも起こるのだから。

三　行政のイジメ問題に対する認識の変遷

1　文部省の緊急アピールとイジメ対策緊急会議報告

「イジメはどこの学校にでもある。」

この認識を共有できるようになるまでには、多くの子供たちの命が犠牲にされた。詳述した鹿川事件の時の、行政のイジメ否定、イジメ隠しの対応を思い出して欲しい。

このような行政と教育現場のイジメ否定とイジメ隠しを本質的に変えるきっかけとなったのは、大河内清輝君の自殺後、一九九四年一二月九日、文部省のイジメ対策緊急会議が出した、緊急アピールとイジメ対策緊急会議報告であった。

その緊急アピールにおいてまず、すべての学校にイジメの総点検を求めた。

「イジメがあるのではないかとの問題意識をもって、すべての学校において、直ちに学校を挙げて総点検を行うとともに、実情を把握し、適切な対応をとること。」

そして、報告において、「イジメの問題の解決のために当面取るべき方策について」を示した。報告概要の中で、本書の執筆に必要な範囲で重要と思われる指摘を示すと次のとおりである。

［イジメの問題への対応に当たっての基本的認識］

①　誰よりもイジメる側が悪いのだという認識と責任の所在の明確化

②　イ、イジメられている子供の立場に立った親身の指導を行うこと
ロ、子供の苦しみや辛さを親身になって受け止め、子供の発する危険信号を鋭敏に捉えるよう努めること

③　親や教師等の関係者の一体となった取組み

［学校における取組み］

実効性のある指導体制の確立

①　学級担任の自覚と責任ある指導および学級全体での一致協力した取組み

②　保健主事の役割の重視と養護教諭の積極的な位置付け

③　カウンセリング等に関する専門家や関係機関等との連携の強化　等

［教育委員会における取組み］

イジメへの問題の解決に向けた各学校の取組みへの支援　等

［家庭における取組み］

①　家庭教育の重要性の再認識

②　子供にとって真の「心の居場所」となる家庭づくり　等

［国における取組み］

① 教育委員会や学校における指導体制を充実させるための支援
イ、教諭のみならず、養護教諭も保健主事に充てることができるようにするための措置
ロ、養護教諭に対する研修の充実
② 教員研修の効果的実施
③ 教育相談体制の充実
イ、関係者の相談に応じるとともに、イジメの問題に関する事例や全国の相談窓口等の情報の提供を行う「イジメ問題対策センター（仮称）」（平成七年度予定）の早急な整備
ロ、学校におけるカウンセリング等の機能の充実を図るため、「スクールカウンセラー（仮称）活用調査研究委託事業（平成七年度予定）の早期かつ効果的な実施」　等

［社会における取組み］

大河内清輝君のイジメ自殺を受けてイジメ対策緊急会議が出したこのような提言は、第一次イジメ自殺多発期の一九八五年六月二八日に、文部省の「児童生徒の問題行動に関する検討会議」が出した緊急提言と比べて、イジメの実態把握、イジメの構造の理解、教師殊に担任の役割の重要性の認識、具体性と実効性を感じさせるイジメ対策論等々すべての点において優れたものであった。

まず、緊急アピールで求めた「イジメ総点検」は、本稿で再三指摘したようにそれまで文部省が毎年集計発表していた「イジメ発生件数」の欺瞞性を総括し、自己批判するものであった。何度も言ったように、こ

の文部省の発表する発生件数は、本質的に不可視性を伴ったイジメについて、教師が認識しえたイジメの中で、教師と校長がイジメ隠しを行なわずに報告した件数を文部省が何ら検証することなく、機械的に報告した件数にしかすぎなかった。現に、この報告件数の中に鹿川君のイジメも、清輝君のイジメも含まれていなかった。この報告件数の発表は、イジメの実情とかけ離れたところで、行政サイドが、行政側および教育現場の努力でイジメが激減している印象を、親を含めた国民に与える目的しか持っていなかった。

このような行政の認識と対応の結果、この約一〇年間で何十人かの子供の命と何十万人(もしかしたら百万人単位)かの子供のイジメによる苦しみが放置され続けた。

八五年の文部省の緊急提言は、イジメを「継続的に、長期にわたり陰湿残忍な方法でイジメる」ものと定義した。この定義は明らかに狭すぎる。しかも、このような「継続性」「長期性」「陰湿残忍性」を、教師が認識しなければならないとすれば、大半のイジメはそれにあたらないし、このようなイジメにだけ教師が注意すればよいのなら、教師の責任はほぼ全部免責される。そのうえ、この基準は、事件が発生したときの、イジメと認識しなかったことの弁明の口実に利用されうるものであったし、現に約一〇年間利用され続けた。

また、この緊急提言は、イジメる子供とイジメられる子供しか見ていなかった。イジメの構造を正しく把握していれば、イジメの発生と継続に、はやしたてる観衆と見て見ぬふりをする傍観者が、実は決定的な役割を担っていることを指摘できたはずであるが、この緊急提言にはこの重要な視点が欠落していた。

とにかく、私が言いたいことは、「イジメは学校で起こる」ということである。行政側やどんな有識者が、家庭および親の責任を議論しようと、ここで論じているイジメは家庭で起きていない。イジメは登下校を含めた教育現場で起きている。もっとはっきり言い切れば、学校が長期の休みの間、子供は死なない。家庭で両親の夫婦仲が悪くても、子供は死んでいない。家庭がどんなに理想的で、家族が子供を愛していても、また、子供が両親をどんなに信頼していても、イジメのことは話さないし、子供は死んでしまう。このことは、清輝君の温かい家庭と清輝君の死を想起すれば、すぐに理解できると思う。私は、イジメ問題を考えるときに家庭に必要な役割がないとか、イジメは行政や学校だけで考えればよいと言っているのではない。イジメは学校という教育現場で起きている事実を直視して、

① 教師たちは、イジメを直接認識しうる立場にいること

② 家庭では所詮自分の子供からしかイジメは見えないし、核家族化した家族の目の数しか見る目がないのに対し、学校では学校の考えひとつで、何十人かの教師の目でイジメている子供たちとイジメられている子供、それをはやしている観衆としての子供たちと、見て見ぬふりをしている子供たちの全部を見ることができること

③ そして何よりも、いかにイジメに伝統的手法とかマニュアルが通用しないといっても、教師たちは家庭での親たちと違って、教育の専門家であり、教師たちがその気になって熱意を持って真摯に取り組めば、実効性のあるイジメ対策が講じられないわけがないこと

を総合的に考えて、イジメを考える第一次的責任が行政と学校にあることを指摘したいのである。

このように考えれば、あとは、教師たちが、それでなくても見えにくいイジメを認識するための、そしてイジメ防止のためのカウンセリング的手法も含めて指導力を身につけ、行政が教育現場の右のような対応が

可能となる人的・物的な諸条件を整える努力をすることである。

四　イジメの救済と解決法

イジメは学校で起こる。イジメはどこの学校でも起こる。そして、イジメは誰に対してでも起こる。この基本認識に立てれば、前述したとおり、あとは教師の能力を高めることと、行政が教師の能力を高めるための条件を整備すること、および、構造上教師の能力を超えた問題を他の専門家の人的配置で補うことになるであろう。

1　不可視性をもつイジメと取り組みの態勢

私の執筆の分野は、この行政の人的補充を含めた条件整備の現状と問題性、そして、学校外でイジメめ問題に取り組んでいる弁護士会をはじめとした、民間の様々の活動を紹介することにある。しかし、イジメ問題に取り組む組織や人間が、どこであれ、誰であっても、基本的な姿勢は何ら変わらない。イジメの構造が前記詳述したようなものである以上、イジメが不可視性を有していることは明らかである。

とにかく、イジメを語らない子供たちに信頼され、イジメを語らせることである。そのとき、大人の肩書きは子供には通用しない。例えば、弁護士という資格、肩書きは、行政や教師や親には効き目があったとしても、子供にとって、イジメを話すには、よく解らない相手だけに威圧され、良い子で「はい、わかりました。ありがとうございました」で通り過ぎてしまいたい相手にしか過ぎない。お説教はもとより、断定的に決めつけたり、教えてやるような口調もいけない。子供が安心して話しができ、子供との約束(その子の了解がないかぎり他の教師なり親に対しても話さない)を必ず守り、その子の身になって、どんなことがあっても最後まで自分を守り通してくれる人だと思わないかぎり、子供は話しをしない。

では、子供がイジメを話してくれないとき、どうすればよいのか。イジメの構造を知り、徴表としてよく現われるイジメの特徴をよく理解することが必要である。イジメ自殺が発覚したとき、よく教師たちが弁解する言葉に「プロレスごっこだと思った」「悪ふざけをしていると思った」「イジメられていた子がイジメを否定した」「暴力をふるっていなかったから」「本人からイジメだという訴えがなかった」等々があるが、これらはすべてイジメのシグナルである。これら事実を認識しながら、これをイジメと考えなかったとしたら、教師の洞察力が欠落していると考えざるをえない。

現代型イジメを考えるとき、伝統的手法と既存の知識は通用しない。このことをまずよく理解して、「子供の心」を知ることから出発しなければならない。

2　逃げ場の少ない社会環境

イジメについて、親たちや有識者と話すとき必ず出る言葉がある。「イジメは昔からあった」である。でも昔の子供は死ななかった。それに対して「今の子供はあまりに弱すぎる」、「イジメられている子も、もまれて強くなる」、「大人だって職場でイジメにあうこともある」と言う。

私の実感で言うなら、イジメられている子は弱くない。自殺した子供も半年から二年位激しいイジメに耐えていた。もし、弱いというのなら、イジメている子供も弱い。イジメを偽装し、自分がイジメかえされないように、いつも大勢でイジメる。どんなに腕力が強くても、全員から一週間もシカトされれば、すぐにうつむいてしまう。今の子供がイジメに苦しみ、自殺するのは、子供の心に逃げ場がないからである。お父さんやお母さんが子供であった頃には、心に逃げ場があったのではなかったか。クラスでどんなにつらいことがあっても、家に帰れば、お母さんもいたし、お兄ちゃんやお姉ちゃん、そして、おじいちゃんやおばあちゃんだっていた。家に帰るや否やカバンを放り出して、近くの広っぱへ行けば、必ず近くのお兄ちゃんや違うクラスの仲良しが一緒になって遊んでくれた。少しハメをはずして角のたばこ屋のおばちゃんに叱られたり、年下の子の面倒をみないで、少しイジメて通りがかりの隣のおじさんに怒鳴られたこともあった。地域の皆で子供を見ていた。路地裏のキャッチボールが消えてから久しい。

子供の心をのぞいてみれば、昔はクラスの出来事は心の中のほんの一部だった。クラスの誰かにイジメられているとき、同じ学校に通う近所の高学年のお兄さんやお姉さんが助けてくれたこともあった。クラスの皆も、イジメより楽しいことが周りにゴロゴロしていたから、誰かをずっとイジメ続けるようなたいして面白くないことはし続けなかった。

今の子供はどうだろう。核家族化と少子化が進み、子供が学校から家に帰ったとき、お母さんはパートに出ていないし、自分は一人っ子。東京のマンションに暮らしているから、両隣りの家の人は顔を知っている程度。同じマンションには同じ学校に通学しているお兄さんやお姉さんはいるらしいが、皆学校が終わると受験のために塾に出かけてしまう。近くに小さな公園はあるけれど、キャッチボールやサッカーはしてはいけない立て札があるから、公園にいるのは幼児とそのお母さんたち、そしてご老人ばかり。だから、子供が遊ぶときはいつもクラスの友達同士。そのクラスでイジメにあっていたら、子供の心の逃げ場は、はたしてあるのだろうか。子供の心でみたとき、昔の子供と今の子供ではクラスでの出来事の占める割合が決定的に違う。そのうえ、学校に成績至上主義的な重い負荷がかかったとしたら、子供はどうなるのだろうか。大人は子供が本当に子供らしく遊べる環境をなくし、地域の連帯感も破壊して、子供が一番大好きな遊びを選ぶ選択肢すら与えていない。今の子供に与えられているのは、テレビやファミコン。テレビで楽しいのは、人をどついたり、熱湯に入れて熱がるのを喜ぶような番組で、ファミコンでは格闘ものやホラー的なものが好まれる。子供に対しても大人と同じどぎつい刺激を与え続けていながら、他方、無垢な子供らしさも求める。

お父さんが職場でイジメにあうこともある。でもそんなとき、お父さんはどうするだろうか。帰りに酒を飲んだり、カラオケで歌を歌ったりしながら、ウサを晴らす心の逃げ場を持っている。しかし、子供にはそんな逃げ場はない。

イジメ自殺で一番危険な年齢は、義務教育のため、イジメられるクラスへの登校を義務づけられ、高校入試と内申書という負荷をかけられている公立中学校の二、三年生（統計的には一、二年生）だが、お父さんは、この子供たちにお父さんと同じような逃げ場を与えているだろうか。そういうときに限って、大人は子供に子供らしさを求める。例えば中学入試を控えて、小学校から塾に直行し、夜遅くまで塾で勉強した小学生が、塾帰りにコンビニに寄って、缶ジュースを飲みながらマンガ本を読んでいる姿を見たとき、なんと言うだろうか。きっと眉をひそめて「子供のくせに」とか「子供らしくない」と言うだろう。大人は、一二歳の子供に、あるときは、「もう子供じゃないんだから」と言って大人の分別を求め、またあるときは「まだ子供なんだから」と言って、子供らしさを求める。私たち弁護士が子供の人権とか子供の自己決定権とかいいながら、これを大切にし、尊重しようと国民に訴えるのは、基本的人権は人間が人間であることに基づいて認められるのであって、子供だからといって、人権の享有を妨げられる理由はないと考えているからである。むしろ、子供であるがゆえに、子供にふさわしい方法で人権が享受できるようにと考えている。ルソーは著書「エミール」の中で「人間は……それぞれの時期、それぞれの状態でそれ相応の完成があり、それに固有の成熟というものがある。十歳ないし十二歳の子供は……その年齢においては十分に完成している」としている。

大人は、子供がその年齢にふさわしい精神的、肉体的成熟をとげるのに必要な環境を奪ってしまっている。それなのに、身勝手にも大人の思いの中で作り上げている子供らしさを求めていて、それに反する行為を許そうとしない。今の子供の心の中には逃げ場がない。義務教育であるから親は子供を無理にでも学校に行かせようとする。その学校には自分を徹底的にイジメる生徒がいる。先生が頼りにならないとき、イジメられている子が死なずにいるためには、学校へ行かない方法しかない(一九九六年度の文部省の調査によれば、不登校は過去最高の九万四千人になっている)。

子供に逃げ場が与えられれば、子供は死なない。現に、イジメられている子供が高校生になると死なないですむことが多くなる。高校生になれば、学校に行かない方法として、中退があるし、生徒にかかる負荷も低下するからである(一九九五年度の文部省のまとめでは高校中退は九万八千人、九八年度では一一万一千人強に増加している)。子供を死なせたくなければ、たとえそれがその場しのぎであったとしても、緊急避難として学校に行かない方法をとるしかない。その結果、他の子供がイジメられることになったとしても、自分の子供を守るには、他に方法がない。不登校にしても転校にしても、所詮その場しのぎで、いじめの抜本的な解決にはならない。やはり、子供の心を知って、イジメをなくすための努力を大人たち全員で取り組むしかない。

3　子供とかかわる大人の注意すべき点は何か

子供をいじめから救済するために、教師の能力を高めることと、国を含めて行政が人的配置と物的諸条件を整備することが重要であることはすでに指摘した。ここでは、教師や弁護士、その他カウンセラーも含めた、子供に直接かかわる大人たちが注意すべき事項と基本的姿勢を考えておきたい。

従来のイジメ指導における一番の間違いは、「イジメられる側にも原因がある」という指導方法であった。これは、教師が、まずイジメる側にイジメの正当性を与えることになり、そのうえ、イジメられた子供は教師から「君にも問題があるのだから、それを直すように」とか「君がしっかりしないからイジメられる」という訳がわからない注意を受けて叱られた思いを残し、教師に決定的な絶望感を抱く。そして、これを見ていた周囲の子供たちは、あらためて「先生は頼りにならない」「先生に話してもイジメは止まらない」という不信感をつのらせる。そのうえ、若し、このイジメ発覚がイジメられている子供の訴えであったような場合、最悪の事態を招来する。イジメられていた子供は、今までのイジメにも増してチクリの制裁を受け、そして死んでいく。この姿は、一九九五年二月、茨城県美野里中学二年の男子が自殺したときの遺書にそのまま写し出されている。

「僕は……そのときはがまんならず、先生にいいました。それがま違いでした。……『チクリマン』と言われ、……今では相談する友達もいません。部活動で仲がよかった友達も敵になりました。後輩にもバカにされ……。クラス、部活で助けてくれる人もいませんでした。」

「イジメられる側にも、問題がある。」

この考えは、教師固有の考えではなく、おそらく、大人たちの通念に近いかもしれない。しかし、この言葉を使ったら、子供全員から信頼されなくなる。

「イジメられる側にも原因がある」との言葉と同じく、明らかに間違っている言葉に、「イジメられている子の家庭に原因があった」がある。この言葉は、自分の家庭に自信のある親ほど好んで使う。清輝君の事件が発生した直後の有識者の言葉の中にも、「家から一一〇万円も持ち出されてイジメに気づかない家庭に問題がある」との指摘があった。若し、清輝君の家庭に問題があるとすれば、イジメていた子供の家庭はどうであろう。自分の子供の、子供とは思えない派手な生活をどう考えていたのか。若し気づかなかったとしたら、気づかなかったことに問題はなかったのか。鹿川事件のときも、以前にあった両親の別居を自殺の原因と言われ、裁判のときの行政側の主張にも援用された。何度も言うが、イジメは学校で起きる。そして、誰に対しても起こる。「うちの子に限って」と考えている親の子供にだってイジメといじめによる自殺が起こる可能性は十分ある。

4 見えにくいイジメとシグナル

イジメの不可視性にも十分注意しなければならない。子供は、イジメを話さない。

① イジメられている子は、すでに詳述したように自分の尊厳と教師へのあきらめとチクリによる、より激しい制裁を避けるためにイジメを語らない。

② イジメている子は、イジメを偽装し自分がイジメの標的にされないようにイジメを隠す。いくら教師を恐れていなくても、あからさまにイジメを告白して叱られるほど愚かではない。また、自分ではふざけだと思って、若しくは単にウサ晴らしであって、イジメていることに気づいていないこともままある。

③ はやす観衆や見て見ぬふりをする傍観者も、イジメを話さない。子供たちのルールでは、チクリは事の是非にかかわりなく唾棄すべき行為で、チクリが原因となって、自分がイジメられることになるかもしれない。また、自分のことで言えば、誰かがイジメられているかぎり自分は安全だという心理が支配して、やはり、イジメは語らない。

大人は、話さない子供のイジメのシグナルを感じとる洞察力を身につけなければならない。子供がイジメを語らなければ、大人は、イジメのシグナルを自分で感じとるしかない。子供はイジメを訴えないだけでなく、あるときは、大人の問いかけを否定することがある。それでもシグナルを鋭敏に感じる能力が求められている。イジメのシグナルの主なものは次のとおりである。

① 不登校がイジメのシグナルであることは、すでに十分指摘した。文部省の統計でも、イジメの発生件数が減り続けている間も、不登校は増え続けている（別図参照）。年間三〇日以上「学校嫌い」を理由に

図2　不登校児童・生徒の数と全児童・生徒に占める割合

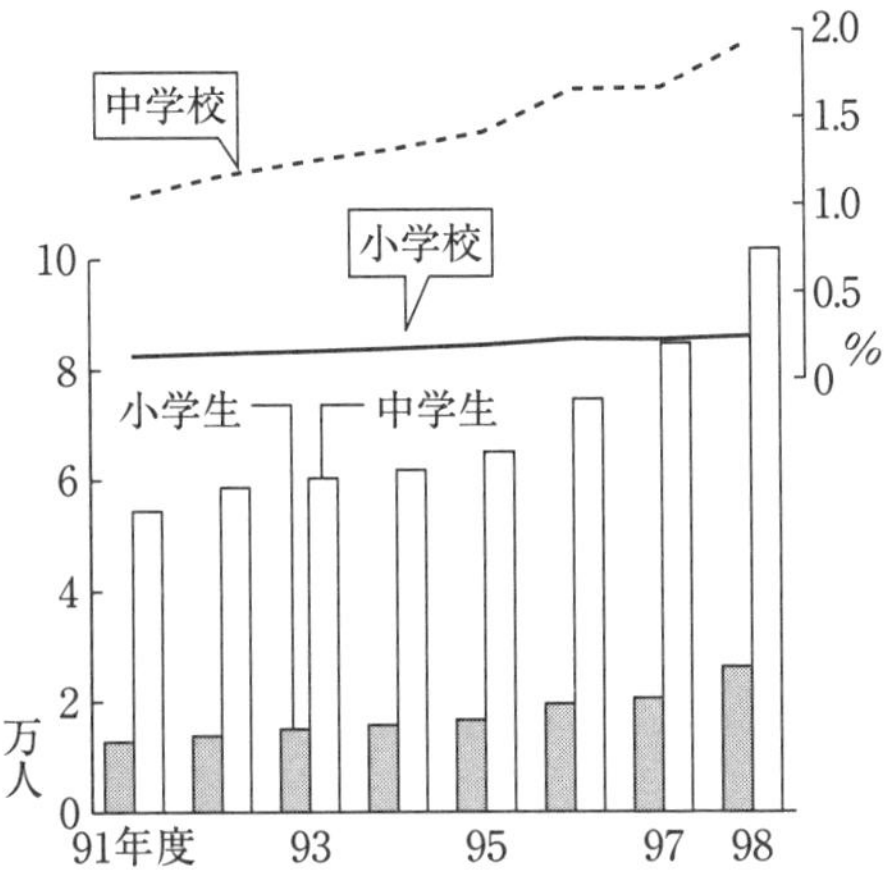

出典　1997年8月9日「日本経済新聞」に新しいデータを追加した

欠席した子供は、九万四千人にも達している。これは中学生では六〇人に一人の割合にあたり、二クラスに一人以上の不登校の子供がいる計算になる。

文部省は、一九九二年に、「すべての子供に起こりうること」と、不登校の定義を変えたが、私は不登校の理由に、イジメや教師の体罰が原因となっているケースを数多く知っている。子供は本来同年代の子供とのかかわりを望むものであり、その子供が学校を嫌うのは人間関係に苦しんでいるからである。その最大の理由は、イジメと考えるのは言い過ぎであろうか。

② 子供が保健室に行く回数が増えることはイジメのシグナルである。鹿川君のイジメ事件のときも、中学二年の二学期に保健室に身を隠すことが多かった。イジメられている子供にとって、保健室は駆け込み寺にあたる。養護教諭の重要さを認識し、養護教諭に対する研修の充実を指摘した、九四年のイジメ対

策緊急会議の提言を支持したい。

③「使いっぱ」もイジメのシグナルであることは、鹿川事件の控訴審判決の判示するとおりであり、大河内君がパシリ一号と呼ばれてイジメられていたように、イジメの常套手段である。イジメられている子供にとって、パシリは見た目以上につらいという。使われていることは、その子供の尊厳にもかかわるし、頻繁に使われることは、暴力的イジメ以上にダメージが大きい。しかし、「使いっぱ」は買い物にはじまってカバン持ちというように、注意していれば教師から一番見えやすいシグナルである。

④シカトは最もつらいイジメだと、イジメられている子供の誰もが言う。どんなに強がっていても、一度シカトされれば、伏し目がちにおびえたように肩を落とす子供のケースをよく見る。鹿川君へのイジメの中で彼を一番苦しめたものは、やはり前年の一一月に出されたシカト指令であった。シカトはグループからの離脱の気配が見えたときに使われることが多い。シカトされるのがつらいから、イジメられてもグループに残っていると話した子供がいた。

シカトも教師にとって比較的見つけ易いシグナルである。二〇分休み、お昼休み、そして放課後のクラス全員を見ていれば、特に、複数の先生で注意して見ればシカトされている子供はすぐにわかる。いつも一人だから。

⑤「プロレスごっこ」等が、イジメのシグナルであることは明白である。「何とかごっこ」は子供たちにとって一番楽しい遊びである。今の子供はドッキリとかジョークとか、毒のある遊びが始まると一気に盛り上がる。これもイジメのシグナルである。教師がよく見ていれば、誰がいつもやられているかはす

ぐに見てとれると思う。このシグナルを見逃すと、鹿川君の葬式ごっこのように教師までイジメに加担することになることがある。

⑥ その他、統計上増加している「生徒間暴力」等もイジメの手段として使われていることが多い。原因も含めて、教師は生徒とのかかわりの中で、子供のシグナルを正しく把握することが求められている。

⑦ イジメに関して継続性や陰湿性はその要件ではない。イジメは、イジメられている側の感じ方が一番大切なのであって、イジメられている子にとっては一回でも苦しいイジメに、継続性や陰湿性を求めてはならない。

五　文部省・教育委員会の各種取組みとスクールカウンセラー

1　文部省はどう対応したか

文部省は、一九九四年の「イジメ対策緊急会議」の提言を受けて、翌九五年四月、各都道府県教育委員会に「児童生徒の臨床心理に関して高度に専門的な知識・経験を有するスクールカウンセラーの小学校・中学校・高校における活用調査研究委託事業要綱」を通達した。その目的とするところは、前記イジメ・不登校等の対応にあたっては、学校におけるカウンセリング等の機能の充実を図ることが重要と考えたことにある。しかし、学校臨床心理ワーキンググループの「学校臨床心理士の活動と展開」（平成九年三月一日）に示されているように、第一次のイジメ自殺多発期である昭和六〇年代初頭からカウンセリングの必要性がいわれ、文部省や各教育委員会では約一〇年にわたり、教師をカウンセラーにしたり、カウンセリングの手法を体得させる試みは行っていた。また、文部省には退職した教師を中心としたカウンセラーの巡回相談システム構想があり、それが実践されてもいた。しかし、前記のとおり、イジメ問題は、学校の教職員だけの対応や巡回相談システムで解決できるようなものではなく、各種試みにもかかわらず実態としてのイジメは減らず、イジメ自殺はより深刻化し、増加する状況にあった。

この事態を踏まえて、文部省は、外部専門家である臨床心理士、児童生徒の臨床心理を専門としている大学の教官、そして精神科医の中からスクールカウンセラーを選任し、学校に派遣することを決定した。派遣校は、一九九五年度に各都道府県ごとに三校ずつ、翌年度から、三校から一〇校に増やされ各政令指定都市にも三校新設された。新聞報道によれば、さらにこの数は増加していくとのことである。

文部省は、神戸の小学生殺害事件以後、「心の教育」を重視しており、スクールカウンセラーの設置は、より推進されていく方向にあると思われる。スクールカウンセラーは、非常勤職員として年三五週、週二回、一回当たり四時間を原則として学校に勤務し、子供たちや保護者、そして教師の相談相手となっている。

イジメの問題を考えるにあたり、外部専門家、特に心の専門家を派遣することには賛成である。イジメ自殺の第一次多発期以降、伝統的な生徒指導の見直しが叫ばれ、学内の教職員に、研修等によるカウンセリング・マインドを体得することが求められてきたが、外部専門家を招いての講演会の開催や研修講座での学習といった、付け焼き刃的な方法で、専門的な手法を身につけることは到底できない。臨床心理の専門家が教育現場に直接入り、イジメや不登校の状態にある子供やその保護者、そして担任教師と個別に面接を行い、問題解決にあたることができ、それに向けて学校と協力体制がとれれば、イジメ救済に役立たないはずはない。スクールカウンセラーに期待されるものとして、

① イジメ等の問題を抱える子供と個別面談を通して直接話しを聴き、保護者や教師では見つけにくいイジメ等の実態に迫り、イジメ等解決の具体的指導法を示唆できること

② イジメ問題の解決に悩む教師、殊に担任教師たちに、個別問題に則した専門的助言を与えること

③ その他、カウンセリングの技術を体得するための実技研修や、学校における教育相談の在り方についての指導

等があり、今までの日本の教育制度の中で、教師に期待されながらも現実には果たしえなかった役割が求められている。

日本の教師は、教科と生活の両方の指導責任が求められ、教育にあたっているが、アメリカでは、教科と生活の指導責任は分けられ、生活指導の大半はスクールカウンセラーやソーシャルワーカー等の専門家がそれにあたっていると聞いている。若し、子供の心を見つめ、「心の教育」を目指すのであれば、第三者である外部専門家の英知は不可欠であろう。新聞報道によれば、埼玉県では全国に先駆けて、九六年から五ヵ年計画で、県内の中学校四一八校のすべてにスクールカウンセラーを常駐させることと、イジメが原因で不登校になった生徒の「第二の保健室」にあたる「心のシェルター」の設置も計画し、イジメ対策に取り組んでいるという。

2　スクールカウンセラー制度の課題と今後

スクールカウンセラーの制度は大きな期待を担って始まり、一般的にはかなりの成果を挙げていると聞いていたが、外部専門家の側から問題提起がなされた。

一九九七年六月に開催された、第一回日本家族心理学会大会の公開シンポジウム（テーマは「イジメ（虐待）問題の解決と連携の強化」）において、東京国際大学の詫摩武俊教授は、「スクールカウンセラーが、イジメなどの対策として公立校に配置されて二年が過ぎたが、必ずしもうまく受け入れられたとはかぎらない」と指摘し、その理由として、カウンセラーから児童・生徒の指導上の悪口を言われかねないという教師の懸念や、経験豊富なカウンセラーが少ない点を挙げておられるという。誠にもっともな指摘であり、スクールカウンセラーが力量を発揮するには、「学校側の理解と協力が大切だ」と強調しておられることにも異論はない。子供のイジメ相談を通して実感することは、まず、スクールカウンセラーの制度を子供によく理解してもらうことが先決であるということだ。そして、カウンセラーに相談する気持ちにならせることである。子供にとって相談しても安心な人にならなければならない。そこで、なぜ、養護教諭がイジメられている子供に信頼されているかを考えて欲しい。一九九六年の文部省調査によれば、学校には来るものの、教室に入らず一日の大半を保健室で過ごす「保健室登校」の児童・生徒が一人でもいた学校は、中学校では六割、小学校でも四割近くに上り、「保健室登校」の小中高生は、全国で年間約二万八千人程度いる。このことで、子供にとって保健室がまぎれもなく学校内のオアシスになっている実態が浮き彫りになってくる。これを裏付けるように、ベネッセ教育研究所が、一九九七年七月から九月にかけて東京都内の公立中学校六校の生徒一、九九一人から調査用紙を回収した学校の保健室についての調査結果が公表された。

① まず悩みを聞いてくれる人がいれば良いと答えた生徒は四割を占めた。

② 「保健室の先生」のタイプを聞いたところ、「健康について詳しい」「明るい」に続いて「成績のことをうるさく言わない」「話しやすい」「悩みを聞くことがうまい」が多く、また、「保健室の先生が絶対秘密を守ってくれる」は、「たぶん秘密を守ってくれる」を合わせて、約八割と、生徒が養護教諭を信頼していることがうかがえる。

③ 学校の規模に関係なく、悩みがあるときに保健室を利用している生徒の割合が高い学校は、「保健室の先生は絶対秘密を守ってくれる」「自分の名前を知っている」と答えた割合が高かった。

これらの事実は、スクールカウンセラーが、子供たちに対して接するときの基本姿勢の在り方を如実に示している。子供たちの信頼なくして、カウンセラーに期待された役割の実現は困難である。保健室を預かる養護教諭は本来身体的健康に関して指導するのが主でありながら、現実には、子供たちの精神的健康も指導・補佐している。子供のイジメ等のシグナルを、最初にキャッチすることが多いのも養護教諭である。養護教諭のいる保健室が子供たちを暖かく受け入れていれば、養護教諭と一緒に保健室をカウンセリングルームとしながら、子供たちの心の傷をいやすことも可能であろう。このように、カウンセラーと養護教諭との相互補完を行いながらの協力関係は大切である。

また、スクールカウンセラーは子供たちとの関係で、所詮学校側の人間、すなわち教師と同じ仲間の人間だと思われると、子供たちは心を開いてくれない。一度だけだが、子供のイジメ相談の中で、スクールカウンセラーの派遣対象校に通う子供の相談を受けた経験がある。その時の印象では、カウンセラーに対する子供の認識は必ずしも深くなく、その子供の受け止め方では、カウンセラーが教員経験を有していたこともあって、学校側の先生の一人が相談を受けているだけという感じであったようだ。子供とすれば、自分との話しや約束を、どう守ってくれるのか実感がないため、自分も含めて他の子供たちもほとんど話しをしていないということであった。

何度か行なった中学校での教員対象の講演会とその後の懇親会では、一般論も含めて現場教師がスクールカウンセラーについて、「臨床心理の専門家といっても教育現場の実情をどの程度理解しているのか疑問だ」とか、「教師の役割や立場を十分わかっていない外部の方に、心を開いて話しはできないし、自分たちの教科や生活の指導をあれこれ評価されたくない」、「子供たちも自分たち以上にアレルギーがあるはず」という意見が圧倒的であった。

スクールカウンセラーの制度を成功させるためには、カウンセラーと受け入れ校側の協力体制が不可欠である。心理面の専門家といえども、学校側の協力なしに、学校に一人で入っても効果的なカウンセリングができるわけではない。相互の信頼関係を確立し、カウンセラーと子供たちの交流の機会を作って欲しい。子供たちとの交流の場は子供たちが緊張しないように、給食の時間などを利用することが望ましいと思う。また、カウンセラーと教師たちとの関係は、例えば、各校の校長が、生活指導主任、教員相談担当、養護教諭等とカウンセラーに何を期待するかを話し合ったり、カウンセラーの守秘義務等を説明したり、懇談の場をつくるなどして信頼関係の確立に努めるべきである。

スクールカウンセラーの制度は、まだ始まって間がない段階であり、イジメの実態と構造を考えたとき、校則や伝統的マニュアルのように、教師に明確な判断基準が与えられるものではないうえ、元来、排他的といわれる学校に、異質で第三者的なカウンセラーが入ることに抵抗は多いと思われるが、イジメを解決するという子供たちのための制度を根付かせて欲しいと願ってやまない。

つい先日、板橋区立志村第五中学校で開催された家庭教育学級での講演会の際、まだ五〇歳前の若い校長先生から、同校がスクールカウンセラーの派遣対象校であることと、カウンセラーの人柄もあって、学校との協力関係が大変うまくいっていること、また、子供たちからの信頼を受けている実践例をお聞きしたが、カウンセラーの成功例として大変喜ばしいことだと感じた。

六　子どもの人権専門委員（子ども人権オンブズマン）

1　法務省のとりくみ

法務省の人権擁護機関は、人権侵犯事件の調査処理をするに際し、被害者救済機能をより実効性あるものとするため、当事者の利害を調整する人権調整専門委員を設置している。人権調整専門委員は、人権擁護委員の中から選任され、チームを編成して当事者間からそれぞれの言い分を聞いた上で、中立公平な立場から、人権の回復、救済にあたっている。

法務省は、イジメや体罰・不登校問題について専門的に取り組むため、子どもの人権専門委員（子ども人権オンブズマン)を全国に配置することを計画し、当初、全国に配置し終える時期を一九九六年度以降と予定していたが、大河内清輝君のイジメ自殺事件に象徴されるように、イジメ問題の深刻化を看過できないとして、前倒しすることとした。子どもの人権専門委員は平成六年度から設置され、子どもの人権にかかわる問題を専門に扱い、アンケート調査や「子どもの人権相談所」を開設し、広報紙等を通じて、子どもに電話相談のお知らせなどをして準備態勢を整えている。

子どもの人権専門委員は、子どもの権利条約の発効に伴い、全国の人権擁護委員の中から一六七人が選ばれ、各法務局内には「子どもの人権一一〇番」が常設されている。イジメの訴えがあると、まず本人から事実関係を聞き、法務局職員と共同で調査計画がつくられ、子どものプライバシーを十分守りながら、子どもの人権を救済するための方法を相談する。子どもの承諾を受けた上で親と接触し、親と学校との交渉を見守る。学校が非協力的であるときは、人権擁護委員法第一一条三号に基づき、任意ではあるが調査権も与えられている。

子ども人権専門委員の活動の成果についての詳細は、私にはよく解っていない。だが、一九九四年一二月二九日、朝日新聞に掲載された「いじめ社会の子どもたち4」には次のような記事が掲載されていた。

「『地元では言いにくくて』。遠くの市や町に住む親から『子どもの人権専門委員』に相談電話がかかってくる。

いじめ問題の深刻化に法務省は専門委員の配置を進めている。今夏、大阪府では人権擁護委員の中から二十四人が専門委員に任命された。市の広報紙に委員の自宅の電話番号を載せ、中学校に相談電話のお知らせを配った。

だが、子どもからの電話は少ない。かけてくる子どもも、遠慮がちだったり、無言になったりする。」

スクールカウンセラーの派遣に関しても指摘したところであるが、イジメはその実態と構造上、子どもが誰にも訴えない(訴えられない)本質をもっている。どういう制度を作ったとしても、「子どもが勇気をもっていじめを話せるようにすることと、子どもが安心してイジメを話せる確かな体制が作り上げられること」がなければ子どもたちは語らない。また、新しく作った制度が、子どもたちに右の視点で安心してイジメが話せる制度であることを理解してもらわない限り、制度は活用されない。

2　安心して話せる体制を

日本家族心理学会で、福岡教育大学の秦政春教授が発表したイジメ調査結果は、右の点を考えるうえで、誠に示唆に富む(福岡県内の小学校五年生から高校三年生までの二、五二七人を対象にアンケート方式での調査)。

[イジメがあったとき]　「『先生に言いに行った』のは六パーセントどまり。小学生は一四パーセントと比較的多かったが、中学生四パーセント、高校生二パーセントと年齢が上になるほど、教師への通報が減っていた。

『もし、イジメられたら真っ先に相談しようと思っている人』を聞いたところ、友人が最も多く三七パーセント。続いて母親の二三パーセント。先生は一〇パーセント。父親は五パーセントにとどまった。」

秦教授は「イジメに大人が気づいて対応するのが解決の一歩だ。情報がなければ対応しようがない。……子どもたちや親から情報を得られるように工夫することが必要だ」と話している。

この指摘に示されているように、情報を得られるようなしくみを大切にしないと、子どもからの訴えはない。各種電話相談の実態は、私たち弁護士会の「イジメ一一〇番」もそうだが、子どもから、直接、深刻なイジメについて相談してくる数は少なく、わが子がイジメの被害にあっている親たちの相談が多い。少ない相談であるからこそ、その対応は慎重でなければならないが、子どもはなかなか話さない。

でも、子どもは、本当は、誰かに話したがっている。子どもからのイジメ相談では、相談電話を留守録にして、自由に話せるようにすると、子どもは自分のつらい思いを話す。一九九四年一二月当時、電話放送局「ハートボイス」には全国の子どもから日に千本の電話がかかってきて、かけてきた子どものうち百人ほどが録音テープに思いを吹き込んだ。大河内清輝君の死後、イジメを特集したら、四回線がいっぱいになる状態が続いたという。

子どもたちは、誰にも本当のイジメのつらさを語れない。でも心では話したい。だから録音テープなら話せる。子どもたちを理解できないまま、大人がどんな制度を作り、どんな人を配置しても子どもは大人には、イジメを話さない。

七 民間の子どもオンブズパーソン制度について

1 子どもオンブズパーソン研究会

一九九四年八月、法務省が人権擁護制度を利用して、子ども人権専門委員を指名したのに先立ち、一九九二年五月、「子どもの権利条約」批准をめぐる論議をきっかけに発足した「子どもオンブズパーソン研究会」(代表・中川明弁護士)が、すでに、イジメや体罰で心身に傷を負った子どもたちの個別救済を目指して電話相談を続けていた。オンブズパーソン制度は、弱い立場にある子どもの声を制度的に代弁し、子どもの人権を保障するもので、北欧を中心に、制度としてもかなり定着したものになっているという。「子どもオンブズパーソン研究会」は、民間の機関で、親や市民で構成し、そこに法律の専門家である弁護士が加わる形で、子どもの人権救済のための第三者機関を目指して設置されたとのことである。イジメられている子どもの緊急の避難所であると同時に、双方の言い分を聞いて調整・判断し、問題を迅速に解決する機能を持っている。スクールカウンセラーの制度はどうしても「学校内」での相談であり、子どもからの相談内容の秘密が漏れたり、話したこと自体がマイナスに評価される不安があると、子どもが心を開いてくれない恐れがある。また、法務省の選任した子ども人権専門委員は民間のオンブズパーソンと同様の役割・機能を期待して選任されているが、国の機関としての一定の制約もあるため、子どもが安心して相談できるかどうか疑問が持たれている。その点、民間のオンブズパーソン制度は、国の機関としての制約もなく、臨床医、弁護士、養護教諭や児童相談所のケースワーカー、PTA等々の経験者がネットワークを作り、実に弾力的な活動をしている。

このような市民のオンブズパーソンは東京だけにとどまらず、名古屋でも一九九四年三月に「『子どもの権利』市民オンブズマン」(山田牧子代表)が発足し、子どもの味方電話相談を行っているほか、イジメ体罰等様々な問題で子どもの側に立って、学校側との話し合いを行っているとのことである。その他、全国的にはいくつもの市民オンブズパーソンの組織があり、現在では同様の活動をする人たちでネットワークをつくり、交流を深めていると聞いている。

このように、市民にとっては、市民オンブズパーソンの活動は、公的機関より身近であり、相談し易い存在であることは間違いない。さらに、公的機関の縦割り組織と異なり、医療、福祉、教育、弁護士等々弱い立場の人を思いやる活動に賛同する多彩な専門家と一般市民とのネットワークを作って、機動力のある救済活動ができることも期待できる。もともと、社会そのものが今以上に成熟するためにも、弱い立場の人々と社会の中で共に生き、励まし合いながら、互いに思いやる心を育てていくことが求められている。その意味で、親からだけではなく、子どもにとっても相談し易いシステム作りに努力していることは評価される。何度も指摘したように表面化しにくい教育現場の諸問題を、きめ細かく手探りで調査し、子どもの側に立った救済を模索する姿勢こそ、オンブズパーソンの真骨頂であろう。

2 「教室の病い」に手がとどくか

しかしながら、イジメは学校という教育現場で起きているわけであるから、イジメの真の解決も学校で行われなければならない。イジメから子どもを守るため、個別救済のあり方として、登校しないことも子どもの権利として保障されるべきで、不登校を理由にいかなる不利益な取り扱いもなされてはならない。必要があれば、すでに容認されているように、転校も認められる。しかし、イジメは森田洋司教授の指摘するとおり、「教室の病い」である。ある子どもの個別救済が他の子どもへのイジメの始まりにならないような、抜本的な解決に結びつくものでなければならない。他の多くの子どもたちもいる学校という場で、イジメの解決が考えられなければならない。「子どもオンブズパーソン研究会」の代表である中川明弁護士が、法務省が「子どもの人権専門委員」を選任する制度に期待して、「民間の第三者機関（子どもオンブズパーソン……著者注）は、人権専門委員と連携することで学校への影響力を強めることができ、より効果的に子どもの人権を救済できる可能性がある」と述べられているのを、以前お聞きしたことがある。学校という場でのイジメの解決を考え、スクールカウンセラーが配置されてきた現状を考えたとき、これらイジメの解決に向けた民間の活動が、学校という教育現場と様々なネットワークを作り、情報やイジメ解決の多様なケースを共有しようとする試みは誠に素晴らしいものであり、一日も早いこの構想の実現が望まれる。

また、私の二年間のＰＴＡ会長の経験とその後のＰＴＡ顧問としての学校との関わりの経験で言えば、多分に排他性を持った学校という教育現場と民間オンブズパーソンとの架け橋的な役割を、ＰＴＡにも担ってもらえることも期待したい（現状での困難性は十分認識しているが）。

例えば、子どもの親が子どもに何らかのイジメのシグナルを感じたとき、教師を通じてスクールカウンセラーに協力を要請したり、教師の協力が必ずしも十分でないときは、ＰＴＡの協力を得て、直接スクールカウンセラーや子ども人権専門委員、民間のオンブズパーソンあるいは外部専門家に協力を要請する。また、逆に、養護教諭や担任の教師がイジメのシグナルを感じたとき、すぐにスクールカウンセラーに協力を要請し、あるいはイジメの性格によってはPTAの活動、民間のオンブズパーソンあるいは外部専門家に協力を求める。そして、いずれの場合も、スクールカウンセラーや教師、あるいはオンブズパーソンや外部専門家が子どもや親に働きかけ、イジメの解決に動く。

このように、可能性のある限りネットワークは幅広い広がりを有していることが望ましい。子どもの訴えが少ない現状では、イジメを感じとるアンテナは多いほど良いし、ネットワークは一部が機能しないときでも、すぐに他へつなげられるものであることが望ましい。イジメ解決の特効薬はない。イジメ予防の万全な策もない。意識の変化は感じられるとしても、現状での教師の意思及び能力の乏しさが否定できないとしたら、大勢の大人たちの多くの目を互いに利用し合いながら、自分の子どもをイジメから守っていくしかない。よその子どもを自分が見てあげることは、よその人が自分の子どもを見てくれるということである。昔、まだ、地域に連帯感があった頃、地域の人々が日常的な暮らしの中で、自然にやってきたことである。

そして、究極のイジメ解決法、それは、子どもだけではなく大人も含めた人間の悲願とも言える「主体性の確立」にあることは、間違いあるまい。あるクラスでイジメが起きたとき、大勢のクラスの仲間がそれをはやすように見ている中で、それがイジメであって、イジメられている子どもにとってどんなにつらいことか解っていたとしても、それを一人の子どもでとめることは難しい。その困難さは、大人の社会で起きた歴史的な様々な事実が証明している。大人にできないことを子どもにだけ求めることはやめよう。子どもにだけ勇気を求めたり、戦えといったり、もまれて強くなれというのはやめよう。大人だってみんな、自分が時にはどんなに卑怯なことをしてきたか、覚えている。イジメは子どもの問題ではない。大人の問題である。

八　弁護士会の役割

私は弁護士ではあるが、イジメ解決における弁護士会あるいは弁護士の活動を語るには適していない。イジメ問題には一〇年以上関わってきたが、弁護士会としての活動に参加したのはごく最近の実質一年だけである。講演には、東京周辺だけでなく、京都を中心に関西へも何回となく出かけているが、すべて個人としてのプロボノ活動である。そんな私が、弁護士会を含めた弁護士のイジメ救済やイジメ解決について期待される役割を論ずるのは不適当であるが、すでに指摘したように、弁護士も外部専門家として、ネットワーク内での重要な役割があると考えるので、その範囲で私見を述べる。

1　子どもの人権一一〇番活動

イジメ問題に限らず、一般論として人権問題に関する弁護士及び弁護士会の対応は早い。弁護士法第一条にも示されているとおり、基本的人権の擁護と社会正義の実現は、弁護士の重大な使命だからである。日本弁護士連合会は、すでに一九八五年の「学校生活と子どもの人権」シンポジウムにおいて、第一次イジメ自殺多発期における子どもの救済活動に取り組んでいる。「子どもの人権一一〇番」という相談機関をいち早く設置し、イジメ問題について組織的に電話相談を開始したのも、私の知るかぎり弁護士会が初めてであったと記憶している。その後、各地の弁護士会で子どもの人権救済のための相談窓口が設置され、昭和六二年九月には、全国一三弁護士会が、名称はともかく子どもの人権救済相談窓口を開いた。このように弁護士会に持ち込まれる相談のほか、弁護士個人に相談されるケースも多く、その意味では全相談機関の中でも、弁護士会及び弁護士個人への相談ケースがトータルではやはり一番多いのではないかと思う。

私が所属している第二東京弁護士会にも「子どもの権利に関する委員会」があり、実動の委員会の中でも、最も活発な委員会の一つである。「子どもの悩みごと相談チーム」を含めて、五チームから成り、その各チームがいくつもの部会に分かれて活動していて、ケース研究、イジメ相談(テレフォン相談)、カウンセリングの手法体得、各種講演会の実施等々、若い気力溢れる弁護士が実によく学習し、行動している。殊に、イジメを含めた人権侵害事例の法的な救済は、目を見張るものがある。新聞・テレビを騒がせた事件が、弁護士の手で見事に解決され、一定の成果を収めている。法的救済は、わが国の司法制度の下で、弁護士(弁護士会も含めて)しか果たしえない役割であり、それを、弁護士が果たしていることに疑念をはさむ余地はない。そして、それら救済の具体的解決が示されることによって、あたかも鹿川事件の高裁判決のように、それがイジメ予防の一般予防的効果を有していることも間違いない。

2　子どもからの相談の少なさ

しかしながら、イジメ救済の本質は具体的予防にある。既に前述したとおり、法的救済の価値を否定したり、予防的効果を一般的に否定するものではない。また、弁護士会が各種イジメ相談を開き、その相談を通して私のいう具体的予防に尽力していることを全て、評価していないのではない。しかし、私も「イジメ人権一一〇番」の相談や電話相談など弁護士会での経験がわずかながらあるが、子ども自身からの相談は何件あっただろうか。弁護士に寄せられるイジメ相談の圧倒的多数は親からのものであり、子ども自身からの相談件数は少ない。そして、現在では全体として減る傾向にあるのではないかと危惧している。何度も言うが、それが無駄だとか、意味がないというのではなく、イジメ救済の本質は、事前の若しくは早期の予防救済にあると言いたいのである。弁護士や弁護士会に持ち込まれるケースの多くは、事後的ないしは誰からもイジメと認識しうる深刻なケースであるから、それはそれとして、従来と同じように弁護士でしかなしえない救済活動として全力を尽くしながら、その一方で、それに満足することなく、イジメ防止のネットワークの一環として期待される役割も果たすべきではないかと提言したい。

弁護士は法律の専門家であり、イジメ救済を担当したときの事件解決には抜群の力を発揮するが、子どもにとって弁護士の肩書は通用しない。イジメられている子どもがイジメを話すとしたら、一番可能性があるのは友達である。そして、イジメの構造上困難であることは承知しながら、それでも可能性が残されているのは、親であり、そして教師である。私の知るかぎり、統計上の数値の中に弁護士の名前は入ってこない。子どもたちにとって、高校生も含めたほんの一部の例外を除けば、イジメの問題に弁護士が果たす役割は理解されていない。そのような存在の弁護士に、子どもがイジメ問題をなかなか話せるものではない。他面、そんな子どもから相談があったケースこそ本当に深刻な場合が多いから、弁護士はその救済に遺漏のないように努めなければならない。

子どもからの相談を事務所や弁護士会の中で待っているだけでは、弁護士がイジメ救済に本当にかかわったとは言えない。弁護士は会としても、個人の資格でも前述したイジメ救済のネットワークの中に入るべきである。その中で果たすべき役割は大きい。すでに指摘したが、スクールカウンセラーの派遣に見られるように、行政のイジメ問題に対する見方は変わってきている。壁は厚いと言いながらも、「イジメや不登校は、どこの学校にもある」、「イジメや不登校は、誰にでも起こる」という認識が文部省によって示されているから、教育現場も順々に変わる兆しを見せている。

家庭教育学級のテーマに「イジメや不登校」問題が堂々と掲げられ、討議されるようになっている。私も、新宿区教育委員会と小学校PTA連合会、中学校PTA協議会共催の「イジメ問題を考える」講演会の講師を依頼され講演した。新宿区の家庭教育学級では何度となく、イジメ問題の講演を行っている。また、地域のイジメ相談も受けている。新宿区は、イジメ問題の取り組みが早かったと理解しているが、一般的にも現在では教育委員会もイジメ問題をタブー視していないし、むしろその地域の弁護士の協力を求めているところも多いと聞いている。

弁護士と弁護士会は、事務所と弁護士会を出て市民の中に入るべきである。子どもをイジメから救済し、イジメを解決するためには、自ら子どもに、より近づかなければならない。子どもの救済は、一部の組織や団体のみで実現できるものではなく、大人全体が力を合わせて取り組まなければならない問題である。

九　結び

私は、学校に講演に行くとき、子どもと両親そして先生方に読んで欲しいと思い、朝日新聞記者豊田充氏の著書『清輝君が見た闇――いじめの深層は』を数冊献本してくる。そして「全部を読む時間がなければ、是非『まえがき』だけでも子どもたちと先生に読んでもらって下さい」とお願いしてくる。その「まえがき」は、前述した森田洋司教授の言われる「イジメの四層構造」を念頭におき、

「イジメを見ている君へ、彼を一人にしないで」

「イジメられている君へ、恥じることはないんだよ」

「イジメている君へ、彼の気持ちを考えたかい」

「イジメに気づいた先生へ、隠す必要はないのですよ」

を小見出しにして、やさしく語りかけるような論調で記されている。

豊田氏の著したこの「まえがき」が実現できたとき、初めてイジメの救済と解決に一歩大きく踏み出したといえるのだと思う。

〔編者のコメント〕

森田健二弁護士が、右論考を書きあげられたのは、一九九七年一一月のことであった。それから三年の歳月が

流れたが、この国の子どものあり様と学校空間をめぐる様相は、過ぎ去った時間軸には収まりきらないほどの変容を遂げてしまった。

森田弁護士は、中野富士見中事件に中心的にかかわり、「鹿川君から託されたメッセージ」を伝えるために、全国各地で催された教職員の研修会やPTAの集い、家庭教育学級などにおいて、講演や懇談を精力的に続けてこられた。それは、同弁護士にとっては、弁護士としてなすべきプロボノ活動以上の意味をもつ、個としての深い使命感につきうごかされた営みであった。そうした講演・懇談活動を通して、同弁護士は最近の子どもと学校をめぐる急激な変容ぶりを間近で直視し体感していたので、三年近くを経た右論考を、本書出版の前には大幅に書き換え・書き加える必要があることを痛感していた。

森田弁護士が書き換え・書き加える必要性を感じていた箇所は多岐にわたるが、とりわけ、次の三点は逸することができない事項であった。

1　急激に広がりつつある「学級崩壊」現象は、教室という枠組み自体がいまや崩壊していることを意味しているが、そうした事態を「教室の病」としてのイジメ問題との関連でどのようにとらえるべきか。

2　近年再び増加を見せている「生徒間暴力」の問題は、「学級崩壊」現象とも深くつながっており、最近のイジメの質をも問い直す必要があることを暗示していないか。

3　文部省が全国各地に配置したスクール・カウンセラーについては、その後その実施状況に関する報告書や調査データなどが集積されており、それらを冷静に分析することによって、その功罪・評価をあらためて行う必要があるのではないか。

これらの点を含めて、森田弁護士は新たに関係資料を収集するなどして、書き直す準備を進めていた。ところが、今夏、同弁護士はある大きな事件を引き受け、日夜その処理に忙殺されることになったため、心ならずも、その志を遂行することが不可能となってしまった。同弁護士は編者に、右論考のこのままでの収録は辞退したい旨申し出られた。

森田弁護士の知的誠実さとイジメ問題の解決に向けた情熱を知っていただけに、編者としても困惑以上のものを覚え、いったんはこれを受け入れるべきではないかと考えた。しかし、本書の意義と本書における右論考の重要性に鑑みて、最終的に編者の責任で、右論考を執筆当時のままで収録することにした。但し、統計数字などで若干古くなったものには新しいものを付け加えるとともに、同弁護士のご了解を得て、異例ともいえる、この「編者のコメント」を後につけ加えることにした。

森田弁護士にはその意にそいえなかったことをお詫びし、ご寛恕をいただくよりほかない。読者にも、事情をご賢察のうえ、ご海容いただけば幸いである。

［二〇〇〇年一〇月一〇日］

5 イジメと少年法——市民的関わりと法的関わり

服部　朗
愛知学院大学教授
宮坂果麻理
朝日大学ポストドクター

一　はじめに

一九九四年一一月、愛知県西尾市で中学二年生が同級生数名によるイジメを苦に首つり自殺した事件が起きた。マスコミは連日これを大きく取り上げ、この事件を契機に発足した文部省のイジメ対策緊急会議は同年一二月に緊急アピールを出した。今も、イジメは大きな社会問題として人々の関心を集めている。そして、イジメが社会問題化するにつれ、イジメへの処罰強化の声と、その役割を少年法に求める声が沸きあがっている。少年法に、イジメへの懲らしめ、処罰の道具としての期待が寄せられているのである。しかしながら、少年法は、その理念から考えた場合に、イジメに対し何ができ、そして、何ができないのか、いま冷静にこのことを考えてみる必要があろう。その前提として、「イジメ」と「非行」とは同じものなのかどうか、また、「イジメ」の本質をどのように理解すべきなのかも問題となる。本章では、これらの前提問題を押さえながら、イジメと少年法との関わりについて考えていくことにする。

まず、少年法の対象は、「非行」行為をした少年に限られていることを確認しておかなければならない。「非行」という言葉は社会で色々な意味で用いられているが、法的概念としてのそれは、暴行、傷害、強要、恐喝などの犯罪ないし触法行為、および、虞犯と呼ばれる行状のみである(少年法三条一項)。これらの行為以外は非行ではなく、したがって少年法の対象ではない。イジメは、それが暴行、傷害、強要、恐喝などの犯罪ないし触法行為に当たる場合もあるが、冷やかし・からかい、仲間はずれ、集団による無視など、犯罪ないし触法行為には当たらない場合のほうが多い。つまり、非行とイジメとは相互に重なり合う部分もあるが決して同一のものではないのである。しかし、私たちは、ともすると、両者の重なり合う部分のみを見て、イジメ全体への施策を立てたり、イジメに対する少年法の役割を考えたりしてしまう傾向がある。だが、これは順序が逆である。まず最初に、イジメの全体像の把握や、イジメの本質理解があり、その上で、イジメと非行とが重なり合う部分について少年法のできることと、できないこととを考えていくのが筋道である。そして何より大切なのは、そのできない部分(すなわち、非行ではないイジメ)について私たち市民がどのような対策を用意するかであり、その上で、それとの有機的繋がりを持ちながら、非行としてのイジメに対する少年法の役割を考えていくことである。そうでないと、少年法がどの時点でどのように介入すべきかを正しく判断することができず、また、イジメへの総合的な対策も成り立たない。
本章では、このような構図のなかで、イジメと少年法の関わりを見ていくことにする。

二　イジメ問題への取り組み

1　さて、イジメは、どのくらい発生しているのであろうか。文部省の調査結果（初等中等教育局中学校課『生徒指導上の諸問題の現状と文部省の施策について』一九九八年一二月）によると、一九九七年度におけるイジメの発生件数は四万二、七九〇件である。内訳は、小学校一万六、二九四件（三八％）、中学校二万三、二三四件（五四％）、高等学校三、一〇三件（七％）、特殊教育諸学校一五九件（〇・四％）であり、中学校が最も多い。なかでも中学一年生（九、七二五件）と中学二年生（八、七一四件）がピークであり、その後、学年を追うごとに件数は半減している。イジメの態様は、冷やかし・からかいが最も多く二七％を占め、次いで、言葉での脅し一八％、仲間はずれ一六％、暴力一六％、持ち物隠し八％、集団による無視六％という順である。この他、文部省調査には現れていない暗数としてのイジメもあろう。これに対し、一九九六年に警察がイジメに起因する事件で補導した少年は、四二六人（一六二件）である。罪種別では、傷害一六一人、暴行九七人、恐喝七三人という順である（平成九年版『警察白書』一二〇頁）。この統計を見てわかるとおり、実際に少年法の手続きで扱われているイジメはごく一部でしかなく、傷害、暴行、恐喝などの犯罪ないし触法行為に該当し、かつ、生じた結果が重大あるいはその態様が悪質なイジメ事件に限られている。

そのためもあり、私たちは、イジメに対する少年法の役割を懲らしめ、処罰の道具として考えてしまうことが多い。また、このような現状を受けてであろうか、警察もイジメを責任追及という形で解決しようとしている。例えば、朝日新聞一九九五年五月二四日付朝刊に、「いじめ厳しく事件処理——警察庁　罪の重さ教える」との見出しで次のような記事が掲載されている。「警察庁は、小中学生のいじめのうち悪質なものについて、今後事件として積極的に処理していくことを決め、二三日開いた全国少年課長会議で指示した。これまで教育的配慮から、事件としての処理は極めて悪質なものに限っていたが、一歩踏み出して取り組むことにしたものだ。いじめを苦にした自殺が相次いでいるうえ、遊びの形をとるケースもあるため、周囲の人が気付かなかったり、いじめる側に罪の意識がほとんどなかったりして、学校や家庭だけでは対応しきれない状態にある。このため、事件として処理することで罪の重大さを認識させる方が、かえって子どもたちの教育になると判断した」と。

2　右のような形でイジメに取り組むことは、はたして適当であろうか。この問いに答えを出すには、イジメとは何かについて考えてみる必要がある。

イジメの定義については、以下のようにいくつかの見解がみられる。例えば、警察庁は、「『いじめ』とは、単独または複数で、特定人に対して、身体への物理的攻撃のほか、言動による脅し、いやがらせ、仲間はずれ、無視などの心理的圧迫を反復継続して加えること」としている（昭和六〇年版『犯罪白書』二〇二頁）。また、「いじめとは、同一集団内の相互作用過程において優位にたつ一方が、意識的に、あるいは集合的に、他方にたいして精神的・肉体的苦痛をあたえること」と定義するものもある（森田洋司・清永賢二『新訂版いじめ――教室の病い』金子書房〔一九九四年〕四五頁）。

イジメの本質を警察のように悪質な犯罪と捉えるならば責任追及という形が生じてくる。しかし、能重真作氏は次のように述べる。「そもそも子どもというのはあらゆる面で未成熟な存在です。未成熟な者同士がかかわりをもつわけですから、ケンカやいじめという人間関係の摩擦が起きて当然です。子どもというのは、そのような人間関係の摩擦のなかで社会的人間関係の諸能力を身につけていくのです。ところが、総じて今日の子どもたちは、子どもが社会的存在として生きていくうえで欠くことのできない社会的人間関係の諸能力が、子どもの発達段階に見合うかたちで育っていないと言ってもけっして過言ではありません。子どもは、家庭生活や友だちとの遊び、学校での学習やさまざまな活動をとおして、社会を学び、社会的人間関係の諸能力を身につけていくのです。だが、今日の子どもをとりまく環境は、子どもの社会性の発達にとって必ずしも十分なものとなってはいないのです。ここに、今日的いじめの主たる要因があるように思います。そういう意味では、今日の子どもの世界のいじめという現象は、子どもたちの人間的発達のための『あがき』と言っていいでしょう」（能重真作『子どもといじめ』大月書店〔一九九五年〕五八〜五九頁）。また、東京都立教育研究所の加室弘子氏は次のように指摘する。「いじめは、どの子どもも関与する可能性があり、子どもたちが人間関係を形成し維持していく過程において現れる『歪《ゆが》みとしての現象』であるとも考えられる。……今いじめ問題を、現代の子どもたちの人間関係上の課題としてとらえ、いじめへの指導を通して子どもたちに人間関係のもち方を学ばせる、育てるという意識への転換を図ることが求められている」と（加室弘子「子どもたちの交友関係の中で起こっているいじめを考える」調研紀要六九号〔一九九九年〕二四頁）。

右の見解は、イジメを、子どもの成長発達過程における、社会性が未成熟であるがゆえに生ずる関係の歪みとして捉えている。すなわち、イジメをその場限りのものとして捉えるのではなく、長期にわたる子どもの成長発達のプロセスのなかの出来事として捉えているのである。警察の見解は、イジメを現象面において捉えているのに対し、後者の見解は、イジメの全体像とその本質を捉えようとしていると言うことができよう。イジメをこのように捉えたときに課題になってくるのは、子どもたち自身がどのようにしてその関係の歪みに気付き、それを克服していくかであり、また、そのプロセスに大人がどのように関わっていくか、である。このような対応はまた、イジメを進行させないための予防的対応としての意義も持つことになろう。イジメに対しては、子どもたち自身による気付きや子どもたちの側《そば》にいる大人たちの対応がまず必要なのであり、それがなされないところに、少年法による対応のみを強調するのは正しい姿ではない。

三　関係の歪みの回復――市民レヴェルでの関わりの重要性

1

右に述べたように、イジメをその外形で捉えるのではなく、その本質を関係の歪みとして捉えたとすると、法的介入の前に、子どもたちの側にいる大人たちがイジメにどのように対応すべきかが問題になるが、本章ではこれを市民的対応〈一次的対応〉と呼び、これに対し法的介入を〈二次的対応〉と呼ぶこととする。

一次的対応にはいつくかのレヴェルがあるが、最も大切なことは、子どもたち自身がどのようにしてその関係の歪みに気付き、乗り越えていくかである。子どもたちは、その関係の歪みを自ら克服する力を本来持っている。しかし、子どもたち自身では気付くことができない、あるいは気付いていても克服する方法が分からない場合もある。このような場合には、親や教師など子どもの周囲にいる大人が、子どもの発信している有形・無形のSOSをキャッチし、状況に応じて必要な対応をしていかなければならない。例えば、見守る、話を聞く、アドヴァイスをする、積極的に関わっていくなど、である。このように、大人が基本的姿勢として子どもに寄り添うなかでその関係の歪みを克服しようとする対応がまず求められる。

しかしながら、このような姿勢を大人が持っていても、イジメられている子どもが、日常的にひどいイジメにあいながらも、決して親や教師に言わない、言えない、耐えているという現状がある。そこで、子どもの身近な生活場面以外の市民レヴェルにおいて、子どもが発信する有形・無形のSOSをキャッチできる環境の整備ということがその次の課題となってくる。すなわち、子どもの訴えを真剣に受け止め、彼らが何を求めているのかを把握し、それに応じた適切な対応を早急にとるというネットワーク作りである。このネットワークには種々のものがありうるが、以下では一例として、子どものための二四時間電話相談と、インターネットを使ったイジメ相談を紹介することにしたい。

2　まず、「子どものための二四時間電話相談」について見る。

現在、すべての都道府県教育委員会では電話による相談を実施しているが、平日の昼間（午前九時〜午後五時）に限られている場合がほとんどであり、この時間帯では高校生以下の子どもが相談しにくいという問題点が指摘されていた。そこで、文部省は、深夜や週末こそ子どもたちが深刻な悩みを訴えやすいとして、相談員が応対する時間を午前二時まで延長し、午前二時から九時まではファックスや留守番電話で対応する態勢を作ることにした。土、日曜日も平日並みに午前九時から午後五時までの間、電話相談を受け付ける。文部省はこのような態勢を一九九九年度には一八の自治体に導入し、三年間で全国に整備したいとしている（朝日新聞一九九八年八月一一日付朝刊）。また、民間の活動として、二〇〇〇年の五月五日の子どもの日から二～三日間、全国一四か所で「子どもの日チャイルドライン」が開設されるという動きも出ている（不登校新聞二〇〇〇年五月一日）。

これらは、英国で一九八六年以来続く「チャイルドライン」の日本版である。英国のチャイルドラインは、BBCの子どもの虐待の番組をきっかけに始まったもので、子どもに寄り添うことと秘密保持とを大原則として相談に応じている。行政ベースではなく、市民サイドにおける取り組みであることも大きな特色である。子どもは名前をいう必要がなく、無料で相談できる。チャイルドラインへの電話は一日に約一万本かかるが、四〇回線しかなく対応できるのは約三千三百本にとどまっている。民間団体のため資金集めが困難なことが課題のようである。

電話は、私たちの生活に浸透しており、子どもたちにとっても身近で利用しやすい媒体である。今後、民間を含めた電話相談の拡充が望まれる。また、現在は大人が相談にのるという形がとられているが、今後は、子どもどうしが話し合える場があり、そして、子どもたち自身の力により、問題や関係の歪みを克服していくことも必要であろう。この点で注目すべきは、アメリカのウィスコンシン州で行われている「ティーンラップライン」(Teen Rap Line) である。これは、子どもたちの悩みについて同じ世代の仲間が電話相談に応じるもので、危機介入を任務とする民間のブライアパッチ (Briarpatch, Inc.) という組織の活動の一つである。ティーンラップラインの電話番号は、パンフレット等を通じて一〇代の少年少女に知らされていて、土曜と日曜を含む毎日、午後四時から午後一〇時までの六時間、約四五時間のトレーニングを受けた一〇代の少年少女のボランティアが、三時間交替で仲間からの相談に応じている。また、ボランティアの少年少女自身にとっても、仲間の悩みに耳を傾けることは学びと成長の機会になっている。ティーンラップラインの活動は、大人へは相談しにくいが、子どもどうしであれば悩みを打ち明けやすいという子どもの心理面からのアクセスの容易さを保障するものとして参考に値しよう(服部朗「アメリカの少年保護をめぐる法と社会(2)」犯罪と非行九二号(一九九二年)一〇五頁以下参照)。

3 次に、「インターネットを使ったイジメ相談」を紹介しよう。

イジメによる自殺が相次ぎ、イジメ問題が社会的にも耳目を集めてきたなか、一九九七年秋に朝日大学大学院法学研究科三原研究室で「イジメ相談室」のホームページが開設された (http://www.na.rim.or.jp/~kamari/ijime.htm)。このホームページの作成者である三原憲三教授は、過去に保護司としての経験があり、少年事件には、もともと興味を持っていたのであるが、イジメ問題に関心を持ったきっかけは、大学の市民講座で「警察や児童相談所へいってもらちがあきません。相談にのってくれる機関はないものでしょうか」と教育関係者に尋ねられたことによる(朝日新聞一九九八年六月二九日付朝刊)。こうしたなか、メディアの発達によって同時期に大学へパソコンが導入され、これを契機としてインターネットを通じての「イジメ相談」を思いついたのである。インターネットを通じて、弱い立場にある子どもの人権を守り、現に、イジメで苦しみ、悩んでいる子ども達の声を聴くという「場」の提供と、ケースによっては、イジメが犯罪であることを当事者および広く市民に知ってもらうことを目的としている。そして、このホームページの最大の特徴は、インターネットでの相談のみならず、必要があれば電話あるいは直接面談にも応じ、イジメが解決するまで関わり合うという、従来のものより幅広い対応をめざしていることである。

その対応構成は、①相談ボード（掲示板での相談）、②談話室（チャットによる相談）、③イジメに関するリンク集、④アンケートの四つである。①相談ボードには、イジメの相談だけでなく、イジメを受けている者の悩み、あるいは、イジメ・不登校に関する勉強会の案内などが掲示されている。直接、インターネットを使って会話することができない人でも、気軽に書き込むことができる。また、相談を相談ボードに記載することにより、色々な方々からの意見やアドヴァイスが得られるものである。②談話室では、チャット（パソコン通信を使って、準リアルタイムにネット上で複数の人たちがメッセージの交換をすること）の同時性を利用して、研究室の者とほぼ同時に対話形式で相談することができる。すなわち、自分の聞きたい内容を自分が納得するまで聞くことができるのである。①、②とも、相談者のプライヴァシーを尊重するため、ドメイン表示がなされない工夫がされている（ドメイン名とは、インターネットに接続されているコンピュータに割り当てられる名前を指し、一般の電話番号に相当する。ドメイン名は、国別コード、組織の種別コード、組織名、ホスト名から構成される。これらを末尾からピリオドでつないだものがドメイン名である）。③イジメに関するリンク集は、三原研究室と同様に、イジメ問題を解決するために作られた他のサイトの紹介である。一概にイジメといっても、その態様は様々であり、求める解決方法も法的なものだけではなく、教育学的、心理学的方法など複数存在する。そのため、自分に最も適したサイトを、ここで検索することができる。④アンケートは、イジメの当事者だけでなく、それ以外の人々も含めて、イジメを解決するために、何が原因で、いかなる手段があるのかをアンケート形式で答えてもらうものである。このホームページには、施行後、一日に平均約一〇～一五件の利用者がおり、イジメ問題の関心の高さと、問題の深刻さがうかがえる。

4 以下に、様々な人々からこのホームページに寄せられた声を、①イジメている側からの声、②イジメられている側からの声、③イジメを受けている子の保護者からの声の順に紹介しよう。

① イジメている側からの声

(a) 「イジメている最中は、悪いことをしているという意識もなく、正直言って楽しんでいたと思います。学校に見つかってからもたいして反省もしませんでした。でも、中二のとき、あることがきっかけで自分のやったことに気付きました。」

(b) 「過去にイジメられた経験のある人に質問です。自分をイジメた人のことを今どう思っていますか。また、その人にどうなってほしいのですか。あるいはどうしてほしいですか。」（この質問に対しては、「まず、すぐにイジメをやめること。こころから被害者にお詫びすること。イジメのグループとの関係を止めること。精神カウンセリングを受けること。親も子どもと同じ責任をとること。特に親の責任の取り方が重要。イジメを行なっていた期間と同じ期間、自分に罰をかすること。とにかく、自分で考えて一生お詫びをすること」との声が寄せられた。)

② イジメられている側からの声

(c) 「わたしは、中学三年生の時に、イジメにあいました。……クラスのみんなに無視されて、いつも独りぼっちという状況に追い込まれました。……この当時の心の痛みみたいなものは、年をとるごとになくなるどころか強くなる一方で、いまでも当時のクラスメイト全員に対する憎しみで心がはりさけそうになることが頻繁にあります。この気持ちは、言葉では表せないほど強くて深いです。わたしは、はっきり言っていまでも彼らが許せません。当時のクラスメイトは、そんなことはとっくに忘れてしまっているでしょうが……。イジメの加害者は、被害者がこんなに自分を憎んでいることを知っているのでしょうか。たぶんしらないから、平気であんなことをするのでしょう。わたしは、他人からこんなに憎まれたくはありません。」

(d) 「わたしも、一〇年ほど前に、先生が陣頭指揮をとるかたちでのイジメにあっていました。相談する相手もなく、学校を変わることもせずに、なぜ、二年間もの間、ただひたすらに孤独な時間を過ごせたのか自分でも分かりません。ただ、いまでも長い時間をかけて、何か同じ目的意識を持った人でないと友達どころか、知り合いを作ることが苦手という後遺症が残っていると思います。学校などにおける共同作業も苦手です。わたしのように、表面的にイジメとは無縁になっても、後々まで価値観や意識の中に、イジメられたことによる傷跡が残るものだと思います。」

③ イジメを受けている子の保護者からの声

(e) 「わが子に謝ってください。まずは、そこから話し合いが始まります。なぜ、イジメっ子とその親は、謝らないのでしょうか。イジメを認めても、イジメられた子どもに謝りません。何か、変です。彼らに謝らせる方法はありませんか。このままでは、子どもがかわいそうです。心が壊れてしまいます。どうか謝ってください。」

(f)「中学一年の娘のことです。一か月程前から、同級の女子四人グループから、嫌がらせを受け、昨日は、土下座を強要され、拒否したところ殴られてしまったようです。担任の先生も、自宅に来て、善処すると言われましたが、相手の子、親とも連絡はありませんでした。子どもの喧嘩に親が出ると言われるかも知れませんが、イジメはけんかではない、自分の欲求を無理矢理相手に押しつける、従わなければ暴力で、と大人ならば犯罪行為となるべき行為だと思うのです。担任の先生には、事実確認と、相手の親子との面談の機会を作っていただくことにしました。しかし、相手の子らに、どう話せばわかってくれるのか、迷っています。」

このように多くの悩みがホームページに寄せられている。このことは、イジメが身近な生活場面で解決できていないことの証しであろう。しかも、例えば(d)のように一〇年前の体験談も寄せられている。また、(a)のように、イジメている時は何も感じなかったものの、あるきっかけにより深い後悔の念をずっと抱き続けているものがある。そして本人は、「イジメるに至った、イジメている最中の自分の心理を考えると、自分の本性を見た気がして、自分を信用できなくなりました」と、今も過去の体験を忘れられずにいる。この他に、三〇年も前にイジメた経験のあるAさんからは、「同窓会でイジメていたS君に謝りたいと思っていたものの、やはりS君は同窓会に出席しなかった」との後悔の声が寄せられている。Aさんが、このような気持ちになったのにもきっかけがあったのである。Aさんいわく、「いま私は結婚し一女を授かりマイホームを建て、誰が見ても幸せです。が、あのS君を傷つけた悔いは、私が幸せであればあるほど深く刺さっています。それ以上にS君の傷は深いものと思っています。いま娘がイジメにあっています。娘には『いつでもお父さんのところに逃げておいで、怖くて強いお父さんが守る』といってあげてます。(天罰と思っています)」。イジメがその場限りの出来事ではなく、その後も引きずる可能性をもった問題であることがわかる。また、例えば(e)のように、加害者とのきっかけがつかめず、加害者に怒りを表しているもの、あるいは、(f)のように、自分の子ども、学校、そして加害者への対処の仕方が分からずにとまどっているもの、この他に、例えば「担任の先生が教室で、犯人さがしをするような学校の対応の仕方にも疑問を持たざるを得ません」といった学校の対応を批判するものなどがある。

イジメ相談室に寄せられたこれらの声は、相談者からの一方的な形で終わってしまうことも多い。しかし、一方的であっても対応する前段階において第三者の声にふれて(例えば掲示板を見て)、克服へと向かう勇気が与えられた、あるいは、イジメを見直すきっかけとなったものもある。実際のやり取りのなかで、その回復がなされたものとして、次のようなケースがある。中学二年生の男子生徒M君から、「同級生にカバンや靴を隠された」というメールが届いた。そこで、まず、イジメ相談室から「どうしてそんなことをするのか聞いてみなさい」とのアドヴァイスをした。これに対して、M君から、「やっていないと言われた」との返答が返ってきた。そこで、イジメ相談室から「特定しないと解決しないから、徹底的に調べなさい」とさらにアドヴァイスをすると、幸いにも友人の助けもあり、いやがらせの相手が特定できた。そこで、イジメ相談室で、イジメている中学生に宛てて手紙を書いた。その後しばらくして、イジメはなくなったとの報告を受けた。

他のメディアと比較して、インターネットを利用する利点は、一体どこにあるのだろうか。まず、電話と比較すると、より非対面式なものであり、匿名性が確保されることによりプライヴァシーの保護につながっていることがあげられよう。また、手紙のように形式にこだわることなく、話し言葉的に、しかも、「メールであれば、普段言えないことも言えてしまう」という心理面での容易性もあろう。さらには、遠隔地であっても、相談することが可能であり、長距離電話と比して経済面における利点もある。

このような利点の一方で、本来、子どもの声を聴くことを目的としているものの、パソコンが、まだ普及の途上にある媒体物であるため、子どもからのアクセスが少なく、利用者のほとんどが保護者などの大人であるという現状がある。また、相談についての返答に対して、相談者からの結果が分からない点や、その状況を積極的に把握できないことなど、インターネット上での相談の限界もみられる。これらは今後の課題である。

5　以上に示したのは一つの実践例であり、これらでイジメへの対応が十分というわけではもちろんない。総務庁の調査によると、イジメられても誰にも相談できなかった小中学生が三八%（小学生四三%、中学生三五%）もいる（平成一〇年度版『青少年白書』一七・一九頁）。今後、より適切な対応がなされるために、子どものための二四時間電話相談やインターネットを使ったイジメ相談などを含め、様々な子どもの声をキャッチする、あるいは、子どもが悩みを打ち明けられるネットワークやしくみが構かれていく必要があろう。さらには、このようなネットワークやしくみの存在を誰がどのように知らせていくのかも今後の課題である。

四　少年法の介入とその課題

1　以上に述べてきたように、イジメ問題を克服するためには、第一次的には市民レヴェルでの対応が重要である。その上で、第二次的な対応として少年法の介入が必要になる。時には、同時に少年法の介入が要請されることもある。しかし、現実におけるイジメ問題への対応を見てみると、市民的な対応がなされないまま、イジメへの懲らしめを少年法の介入に期待していることが多い。これは少年法の理念を正しく理解したものではない。イジメへの懲らしめを少年法に期待してしまうのは、身近に相談相手がいなかったり、以上に述べたようなネットワークやしくみが整っていないことの現れでもあろう。

そこで、少年法の目的としくみについて若干ながら説明することとしよう。少年法一条は、「少年の健全な育成」という目的を掲げている。すなわち、非行少年（犯罪少年・触法少年・虞犯少年）に対しては、その責任を追及し、処罰するのではなく、その立ち直りのために教育的処遇を行うことを原則としているのである。これは、少年は精神的に未熟であり、環境の影響を受けやすく、たとえ非行を犯したとしても、それは深い犯罪性に根ざすものではないこと、また、少年は人格の発展途上にあり可塑性に富んでいることによる。このような少年法の目的を達成するため、少年法には大人の手続きにはない、いくつかの特別のしくみがある。例えば第一に、家庭裁判所調査官制度である。家庭裁判所調査官（以下、調査官）とは、夫婦・親子間のもめごとなどの家庭に関する問題や、非行を犯した少年に関する事件を扱う専門家（特別職の国家公務員）で、少年が非行に陥った原因・背景を探求し、それを解消、除去するための方策を見いだすための調査を行う。この調査は社会調査と呼ばれ、医学、心理学、教育学、社会学その他の専門的知識を活用して行うこととされている（少年法九条）。調査の主な方法は少年および保護者との面接であるが、調査の過程で行われる少年および保護者への働きかけをきっかけに、少年が大きく変わっていくこともめずらしいことではない。調査官制度は、非行を行為や結果の重大性から見るのではなく、少年を理解しながら非行の持つ意味を理解しようとするためのもので、家庭裁判所（以下、家裁）における科学主義の大きな基盤である。

第二に、審判の途上で行われる試験観察である。これは、家裁が後述の保護処分の決定を留保し、相当の期間、少年に対し働きかけを行いつつ少年の生活の様子を観察する制度である（少年法二五条）。よく「試薬を投じて反応を見る」とたとえられる。試験観察の類型には、在宅試験観察（少年の身柄を保護者等のもとに置いたまま調査を担当する調査官が引き続き少年の観察を行うもの）と、補導委託と呼ばれるものとがある。補導委託には、在宅補導委託（少年の身柄は在宅試験観察と同じく保護者等のもとに置き、少年の在籍する学校の長などに補導を委託するもの）と、身柄付き補導委託（少年の身柄を補導委託先にあずけて補導を委託するもの）とがある。補導委託先とは、各家裁と契約を結んで補導委託を行う施設、団体、個人で、公私を問わないが制度の趣旨からみて家庭的雰囲気をもったところが望ましいとされている。そして、試験観察の結果が良ければ保護処分を行わないで審判を終了することがあり、ここに試験観察の妙味があるとも言われている。試験観察は家裁のケースワーク機能、すなわち少年が主体的に非行を乗り越えていけるようにするための働きかけが最も発揮される場面である。

第三に、保護処分である。これは、少年審判において前述の専門的調査によって明らかにされた少年の資質上および環境上の問題に応じて選ばれるもので、①保護観察、②児童自立支援施設または児童養護施設送致、③少年院送致の三種類がある(少年法二四条一項)。保護処分中最も多用されているのは保護観察で保護処分中九二%を占めており、少年院送致は八%、児童自立支援施設または児童養護施設送致は〇・五%である。以下、各々の保護処分の内容について説明すると、

①　保護観察とは、少年を施設に収容しないで、少年が現在置かれている環境のなかで、一定の約束ごと(遵守事項という)を守るように指導監督するとともに、その者に本来自助の責任があることを認めてこれを補導援護することによって、その立ち直りを図ろうとするものである(犯罪者予防更生法三四条一項)。施設内処遇(少年院などの施設で行われる処遇)に対し、保護観察は社会内処遇と呼ばれる。保護観察は、通常、保護観察官と保護司との共働態勢のもとで行われる。保護観察官は、保護観察等に従事する国家公務員であり、保護司は、保護観察官とペアを組んで実際に保護観察にあたる民間篤志家である。担当の保護司は、往訪・来訪等によって、毎月少年と面接し、少年の様子を把握するとともに、必要に応じて相談や助言など更生に向けての働きかけを行い、またその結果を報告書に記載して保護観察官(主任官)に報告する。少年が約束ごとを守り、立ち直ってきたと判断された場合には、決められた期間よりも早めに保護観察が解かれることになる。

②　児童自立支援施設および児童養護施設は、厚生省管轄の児童福祉法上の施設である。児童自立支援施

設は、「不良行為をなし、又はなすおそれのある児童及び家庭環境その他の環境上の理由により生活指導等を要する児童を入所させ、又は保護者の下から通わせて、個々の児童の状況に応じて必要な指導を行い、その自立を支援することを目的とする」もので(児童福祉法四四条)、全国に五七施設(国立二、指定都市立四、私立二、都道府県立四九)ある。また、児童養護施設は、「乳児を除いて、保護者のない児童、虐待されている児童その他環境上養護を要する児童を入所させて、これを養護し、あわせてその自立を支援することを目的とする」ものである(同四一条)。児童自立支援施設および児童養護施設はいずれも、家庭の暮らしに恵まれなかったために自立の危機に陥っている子どもたちに家庭の暮らしを与えてその自立を見守るという役割を担っており、家庭的な雰囲気を重視した子どもへの支援を行っている。

③　少年院は、家裁から保護処分として送致された者を収容し、これに矯正教育を授ける施設である(少年院法一条)。少年院は法務省管轄の国の施設であり、全国に五三庁ある。少年院には、初等・中等・特別・医療の四種類があるほか、長期・短期の別、および、生活訓練・職業能力開発・教科教育など処遇の内容によっても分類されている。一九九一年には新しい短期処遇として特修短期処遇がスタートし、収容期間四ヵ月を目安に、少年院から職業補導委嘱先等に通わせながら処遇を行うという試みがなされている。少年院というと一般には少年用の刑務所といった誤解があるが、少年院は少年を処罰する所ではなく、継続的な処遇によって少年の立ち直りを支える所である。

このようにして少年法の手続き全体が教育的およびケースワーク的機能を担っているのである。

2　ところで、イジメ事件を扱う家裁の側には、どのような実務上の配慮が必要であろうか。まず注意すべきは、事件は、「イジメ事件」として家裁に送致されるのではなく、傷害、暴行、恐喝などの事件名で送致されるため、事件名を見ただけでは、それがイジメ事件なのかどうか分からず、当該事件が本質的にはイジメ事件であることを見過ごしたまま事件処理をしてしまうおそれがあることである。このような事態を招かないためには、表面の事件名によって事件を捉えるのではなく、その具体的内容や背景の把握を含めた事件処理が必要である。そして、当該事件がイジメ事件である場合には、そのことを念頭においた少年および問題への対応が求められることになる。もしもこれを見誤ってしまうと、イジメ問題の根本的な解決に至らない。イジメ問題は、子どもたちの世界を見抜く視点からの解明が必要であり、このような姿勢が調査・審判・処遇の全過程において要求されるのである。

次に、イジメ事件は、複数の者によって、影でこっそりと行われる性質（いわゆる、イジメの不可視性）があるため、とりわけ事実関係が複雑で、冤罪のおそれがあることに注意しなければならない。

山形マット事件を例にとってみよう。この事件は、一九九三年一月一三日、山形県新庄市の中学校体育館のマット室内で、同校の生徒（当時一三歳）がロール状に巻かれて立ててあったロングマットの空洞に頭部から逆さに入った状態で死亡しているのが見つかった事件で、同校の生徒七名が、被害者に暴行を加え、ロングマットの空洞に頭部から逆さに押し込んで放置し、窒息死させたとして補導・逮捕された。この七名の少年のうち一四歳以上の犯罪少年だった三名の少年（ＡＢＣ）は家裁に送致され、審判の結果、非行事実なしの不処分決定（大人の事件でいう無罪）が下りた。一方、一四歳未満の触法少年だった四名の少年（ＤＥＦＧ）は児童相談所（以下、児相）に通告された後、以下のような経過を辿ることになる。児相は、非行事実を認めていたＥＧに対し一時保護所入所の措置をとる（ＤＦは通告前から否認）。一時保護所でＥＧは非行事実を認める。ＥＧは一時保護所を退所するが、自宅に戻ったＥは、両親に「ぼく、やっていない」と述べ再び否認に転じる。ＥＧと入れ代わりでＦが一時保護所に入所する。Ｆは退所まで否認を続ける。Ｄについては、児相と両親との話し合いの結果、一時保護所への入所が見合わされている。児相は、非行事実を認めていたＧに対しては、児童福祉司による在宅指導の処分を決める。しかし、Ｇはその後、家裁での第三回目の証人尋問の際に非行事実を否認し、以後一貫して否認している。他方、児相は、ＤＥＦに対しては、「事実を争うならば家裁に送るしかない」との判断から家裁に送致する。家裁は、Ｇの証言と体育館の用具室内を見たという目撃証人の審判廷での証言などを決め手としてＤＥＦの非行事実を認定し、少年院送致等の保護処分を決定する。少年ＤＥＦは無実を訴えて、高裁へ抗告を申し立てるが、仙台高裁はＤＥＦからの抗告棄却決定のなかで、抗告の対象外であり、すでに非行なし不処分が確定していた少年ＡＢＣのアリバイをも否定した。少年ＤＥＦはさらに最高裁へ再抗告を申し立てるが棄却される。

右のように山形マット事件は、非行事実の存否をめぐり複雑な経過を辿ったのであるが、その原因として捜査の問題が指摘されている。すなわち、同校の男子生徒たちのほとんどが、保護者の立会いもなく、参考人か被疑者かの区別もなく、しかも夜間、長時間、切り違い尋問や誘導を含めた強引な取り調べを受け、疲労と無力感が生まれてくる夕方から夜にかけて調書がとられているのであり、このような捜査のあり方が事実関係の解明を困難なものとし、その後の手続きを複雑なものとしたのである（新倉修・佐々木光明「山形マット死事件から学ぶ」法学セミナー五一七号六八頁参照)。イジメ事件(正確に言えば、イジメ事件かどうかが問題となっている事件)の場合、捜査の段階から慎重に事実関係を読み解いていく姿勢がとりわけ必要である。もしも、少年の言い分に耳を傾けることなく、見込み捜査が行われたなら、冤罪が起きることは必至となろう。

これは、市民レヴェルの対応においても求められることである。すなわち、私たちが「イジメ」に接した場合にも、少年の言い分に十分耳を傾けながらその状況を把握していくことが大事であり、イジメであることを前提として話しを進めるようなことがあってはならない。しかも、それがイジメであったとしても、単にその外形に目を奪われるのではなく、その背景を含めた正確な事実関係を読み取っていくことが重要である。

3

以上は、少年法介入後における警察や家裁の対応のあり方についての話しであるが、アメリカでは少年法の介入後もなお子どもどうしで問題解決を図ろうとするユニークな取り組みがある。「ティーンコート」(Teen Court)と呼ばれるものがそれである。ティーンコートとは、一九七〇年代から八〇年代にかけてアメリカにおいて始まったもので、非行を犯した少年の処分を同世代の少年たちが運営する審判の場で、少年たちの話し合いによって決定するというものである。裁判官を除き、検事、弁護人、陪審員は皆一〇代の中高生たちが務める。ティーンコートは少年が非行に陥るのは仲間の影響が大きいのと同様に、少年が非行から立ち直るのも仲間の影響によるところが大きいという考えに立っており、「若者が若者を変える」が標語になっている。ティーンコートは、プログラム経験者の再犯率の低下および意識改革からもその意義が注目され、全米諸州に広がっている（ティーンコートの詳細については、山口直也編著『ティーンコート——少年が少年を立ち直らせる裁判』現代人文社〔一九九九年〕、有本美幸「少年非行の抑制および福祉的側面から見たTEEN COURT」関西学院大学法政学会・法と政治四七巻二・三号〔一九九六年〕一七三頁以下参照）。ティーンコートは、イジメを念頭に置いたものではないが、先に述べたとおり、イジメは子どもの関係の歪みであり、子どもどうしがその関係の歪みに気付き、克服していくべきものであることを想起すれば、司法過程における将来のイジメ解決のあり方に示唆を与えてくれるものであろう。

五　結びにかえて

以上で本稿を閉じることにする。イジメと少年法との関わりについてみてきたわけであるが、最初に述べたように、イジメ全体からみると少年法が関わることのできる部分は相対的に小さい。本稿では、このことを確認した上で、少年法の介入前に、大人が子どもたちに寄り添い、子どもたちの発している有形・無形のSOSを受け止めるという姿勢を持つことが大切であることを述べてきた。ただし、子どもの身近にいる大人がこのような姿勢を持っていたとしても、イジメにあっている子どもが決して親や教師に言わない、言えない、耐えているという現状がある。そこで必要になってくるのが、子どもの身近な生活場面以外の市民レヴェルにおいて、子どもたちの声を聴き、彼らが何に悩み、何を求めているのかを把握し、それに応じた適切な対応を早急にとるというネットワーク作りである。本稿では、その実践例として、インターネットを使ったイジメ相談を紹介した。この相談室には、実に様々な声が寄せられており、イジメが身近な生活場面で解決されていないこと、しかも加害者と被害者の双方にとり、イジメが長期にわたり、深い傷跡となって尾を引いていることがわかる。今後、様々な実践が幾層にも重なり、子どもたちが悩みを打ち明けることのできるネットワークが築かれていくことが期待される。また、子どもの声を聴くことは、大人が育ちあっていく機会ともなろう。

しかし他方で、イジメ問題と少年法との関わりを考えるとき、少年法にとり本質的に重要と思われる視点があらわれる。それは、少年の行動について、それがどのようなものであれ、その本質を捉えた対応が重要になるということである。イジメという少年の行動の理解が、少年法のイジメへの関わり方を方向づける鍵となるのである。すなわち、イジメを悪質な犯罪と捉えれば責任追及という形が出てくるし、また、イジメを関係の歪みと捉えれば、本稿で以上述べてきたような、それとは異なる対応が求められてくるのである。この点では、イジメと少年法との関わりという問題は、少年法全般にわたる、きわめて重要な意味を持っている。本稿では、少年法のしくみについて若干の説明を行ってきたが、より根本的には、子どもの世界との繋がりを持って少年法のあり方を考えていくことが、イジメ問題に限らず、子どものあらゆる行動領域において今求められていると言うことができるように思われる。

〈参考文献〉　本文中に掲げたもののほかに以下のものがある。

浜田寿美男・野田正人『事件のなかの子どもたち』岩波書店〔一九九五年〕

日本弁護士連合会『いじめ問題ハンドブック』こうち書房〔一九九五年〕
斉藤豊治ほか「課題研究・『いじめ』問題と少年司法の限界」犯罪社会学研究二〇号〔一九九五年〕四頁以下

〔追記〕 本稿の作成に際し、大野正博氏（朝日大学大学院を修了し、現在、宮崎産業経営大学法学部専任講師）に多大なる助言と協力をいただいた。深甚に謝意を表したい。

6 イジメは少年審判でどのように取り扱われてきたか

若穂井透
日本社会事業大学教授・弁護士

一 はじめに

周知のとおり、少年審判は非公開である(少年法二二条二項)。家庭裁判所に送致され少年審判を受けるイジメの具体的な形態は、大別すれば第一はイジメる子(加害者)の事件で、罪名としては暴行、傷害、脅迫、恐喝、強盗など、第二はイジメられる子(被害者)の事件で、罪名としては万引、窃盗、自転車・バイクなどの占有離脱物横領、シンナーなどの有機溶剤吸引その他、第三は過去にイジメられる子(被害者)であった少年が第一のイジメる子(加害者)に転換した事件、ときには窮地に追い込まれたイジメられる子(被害者)がイジメる子(加害者)に逆襲・反撃し、重大な殺人・放火などに至ることもあるが、少年審判は非公開であるため、イジメが少年審判でどのように取り扱われるのか、外部からその全容を知ることはきわめて困難である。

少年審判には弁護士が少年の付添人として関与することもあるので、その弁護士を通じて少年審判の概要をある程度知ることができる場合もあるが、付添人の選任率は一九九八（平成一〇）年度の統計で全体の一・六パーセントにすぎない。

殺人など重大事件の場合には、選任率も一九九八（平成一〇）年度の統計で七七・八パーセントとアップするが、付添人は少年および家族のプライバシーと少年の立ち直りに配慮せざるを得ないため、少年審判の概要をマスコミなどに公表することにはきわめて慎重である。

また家庭裁判所も非公開の原則をきわめて重視しているため、マスコミの取材は非常に困難である。社会的にクローズアップされた事件の場合には、マスコミの申し入れを受けて家庭裁判所が決定要旨を公表することもあるが、神戸須磨事件などまれな事件を除いて、その内容はきわめて簡略である。

マスコミもまた少年法が家庭裁判所に送致された少年に関する記事の掲載を原則的に禁止しているため（六一条）、たとえ詳しい情報を入手したとしても報道にはきびしい制約がある。

イジメを受けた被害者の遺族などが損害賠償の民事訴訟を提起すれば、家庭裁判所から事件記録および決定書を取り寄せることができるので、捜査および審判の概要をある程度まで知ることはできるが、家庭裁判所調査官が作成する少年調査票、少年鑑別所の作成する鑑別結果報告書は取り寄せの対象から除外されるため、イジメが家庭裁判所でどのように取り扱われたか、その核心部分は判然としない。

このように少年審判におけるイジメの取り扱いを知ることは容易ではないが、最高裁事務総局が内部資料として家庭裁判月報を毎月発行し、重要な審判例などを紹介しているため、まれにイジメ事件が掲載されることもある。

またイジメ事件の付添人を引き受けた弁護士が事例研究として、レポートを発表することがある。

そこでこの小論ではそのような資料をもとに、私が経験したイジメ事件の付添人活動などもふまえて、きわめて断片的ではあるが、イジメが家庭裁判所の少年審判でどのように取り扱われているのか、その実情を検証する。

二　家庭裁判月報を手がかりに

家庭裁判所が重大なイジメ事件に向き合ったのは、一九八四(昭和五九)年に大阪で発生した高校生殺人事件であった。

これは少年Aが同級生Cの陰湿なイジメから逃れるために、同じようにイジメられている級友Bとともに、その同級生Cを殺害した事件であるが、家庭裁判月報昭和六〇年九月・三七巻九号は、少年Aを中等少年院送致の保護処分とした大阪家庭裁判所決定の全文を掲載している。

しかもこの家庭裁判月報は保護処分決定だけでなく、付添人にさえ謄写が許されていない家庭裁判所調査官の少年調査票を併せて公表している。

一九八五(昭和六〇)年以降の家庭裁判月報を検索すると、これ以外にも重大なイジメ事件の保護処分決定が散見されるが、このように少年調査票まで掲載した例はない。

その意味でこの家庭裁判月報三七巻九号は、第一級のきわめて重要な資料である。

次に家庭裁判月報昭和六〇年一一月・三七巻一一号は、家庭裁判所調査官のイジメに関する論文を掲載している。

これ以降の家庭裁判月報を検索しても、家庭裁判所調査官のイジメに関する論文は見当たらず、その意味でこの家庭裁判月報三七巻一一号もきわめて貴重な資料である（なお家庭裁判月報昭和六二年六月・三九巻六号は、稲村博「現在のいじめ問題とその対策」という講演録を転載している）。

そこでまず家庭裁判月報三七巻一一号に掲載された論文「最近の暴力非行――特に『いじめ』と女子の粗暴化について」の内容を紹介し、その後家庭裁判月報三七巻九号に掲載された保護処分決定および少年調査票の内容を検討する。

1　須永論文

家庭裁判月報三七巻一一号に掲載された論文は、東京家庭裁判所調査官黒川佐枝および東京家庭裁判所八王子支部調査官須永和宏の共同論文であるが、イジメの問題に関しては須永調査官が分担執筆している。

須永調査官はイジメの問題が社会的にクローズアップされたのは、昭和五八年二月に横浜市で起きた少年の浮浪者襲撃事件とそれに続いて町田市で起きた教師の生徒刺傷事件に端を発しているが、それ以上に衝撃を与えたのは昭和六〇年一一月に大阪市で発生した高校生殺人事件であり、それを機にイジメ問題への取り組みが本格的になったとしたうえで、家庭裁判所で取り扱う少年は、一四歳から一九歳までの年齢層、学校

（学年）別にいえば中学二年生から大学二年生までを含んでいるが、重大な社会問題になっているイジメの中核は小学生から中学生にかけての年齢層であるため、家庭裁判所でその相当部分を担っているともいえる反面、決してその全体像を見渡しているわけではないと述べた後、年齢層を考慮することなくイジメの問題を論じている傾向に疑問を呈している。

須永調査官によれば、家庭裁判所が取り扱う中学生および高校生のイジメには、次のような特徴があるという。

まず中学生のイジメは、①集団による仲間意識を背景とする攻撃的発散としてのイジメが多い。②陰湿・悪質さの度合いが強まって、イジメの手口が巧妙化・偽装化されている。したがって教師から事態が見えにくくなる。被害者が訴え出ることは少なく、教師の死角的な場所で日常化する傾向がある。③思春期の特性として性が絡んで、屈辱的な性的いたずらや卑猥な言葉を弄するイジメが目立つ。④小学生時代にイジメられっ子だった少年が、一転してイジメっ子に変貌する事例に出会うことが少なくない。⑤イジメが特定の生徒に集中し、長期にわたる傾向がある。イジメられっ子は家出や金品持ち出し、身を守るためにあえて不良交友に走るなど、問題行動や非行に陥る事例が目立っている。

次に高校生のイジメは、中学生と比較してそれほど頻発していないため、明確な特徴は指摘しにくいとしたうえで、①小学生の場合、或いは中学生の場合もまれに、イジメ行為の後でそれを契機にかえって仲良しになることもあるが、高校生の場合にはそのような例はほとんど認められない。②小学・中学生に比べて、挫折などによる心理的葛藤や欲求不満が深刻になっている場合が多く、手口も陰惨でひとつ間違えば大怪我や死亡につながりかねない。ヤクザ的な隠語を用いる場合も少なくない。③性衝動が歪んだ形で現れやすく、性器へのいたずらとして度過ぎたイジメが見られる。④運動部において、よく仲間割れや派閥争いが生じ、それにともなって後輩イジメ（リンチ）が行われることも少なくない。これは従来〈しごき〉と称していたが、最近の傾向としては〈しごき〉がイジメ的要素を呈し、上級生が訓練などと称して下級生に対する暴力行為を正当化する傾向が認められる。

以上のような一般的特徴をふまえて、須永調査官は家庭裁判所に見られるイジメの代表的な具体例について、前述した家庭裁判所に登場する三つのタイプを前提に、「家庭欲求不満型」「学校不適応型、溺愛・過保護型」「家庭崩壊型、自己顕示型」「アパシー（無気力）型」「自己保身型」「優等生型」「報復型」に分類して説明している。

(1) 「家庭欲求不満型」の事例　中学三年生のA男は、同級生に対する暴行・傷害事件として送致されてきたが、その暴力の内容は陰湿で執拗であった。A男の父母は争いが絶えず、A男は幼いころから喘息に苦しみ、親の顔色をうかがいながら育ち、情緒不安定な状態におかれている。

(2) 「学校不適応型、溺愛・過保護型」の事例　中学二年生のB男は恐喝の教唆で補導されたが、罪障感が乏しく、調査官面接に際しても生返事を繰り返し、とらえどころがない。成績は全くふるわず、不良グループに属しているが、表立った行動はとらず、陰にまわって弱い者をこきつかい、脅迫めいた口調で恐喝を強要し、金品を巻き上げていた。父母はそろっているが、一人っ子のためか、母親に溺愛されて育ち、わがままな性向が目立つ。

(3) 「家庭崩壊型、自己顕示型」の事例　私立高校一年生のC子は同級生四名とともに暴力事件で送致されてきたが、C子が首謀格で同級生に対して陰湿な性的リンチを加えている。C子は小学六年生のとき母親が蒸発して居所不明となり、それからは酒乱気味の父親に育てられている。

(4) 「アパシー(無気力)型」の事例　中学三年生のD男はバイク盗で送致され、調査のなかで小学生時代からイジメられる傾向にあったが、中学生になってからはツッパリグループの標的になり、長期にわたって執拗なイジメを受けてきたことが判明した。しかしD男はそれを教師や親に相談することなく、じっと耐え続け、そうかといって登校拒否をすることもなく、帰宅後に母親へ当たり散らして気分を発散させてきた。自殺念慮をいだくこともしばしばで、抜き難い人間不信と無気力な感情鈍麻の状態に陥っている。父親は単身赴任、母親が一人でおろおろしている。

(5) 「自己保身型」の事例　中学二年生のE男は万引で逮捕されたが、それは本人の意思ではなく、ツッパリグループに命じられた結果であることが判明、それればかりかE男は家からの金品持ち出しも強要され、預金通帳から三十数万円もの現金を引き出していた。E男は見るからに小心で、とてもツッパリグループに抵抗できるようなタイプではないが、テレビのプロレス番組に熱中し、空手や少林寺拳法を習得しようという腕力志向を強め、最近では果物ナイフを内ポケットに入れて登校することもある。E男は養父母に育てられているが、本人は実父母だと思い込んでいる。

(6) 「優等生型」の事例　中学三年生のF子は窃盗事件で送致されたが、動機からみると感情発散型の非行で、精神的な不安感や焦燥感をまぎらわすために、アクセサリーなどを万引した。F子は小学生のころから優等生として注目されてきた。中学二年生のとき同級生のカンニングを教師に知らせたが、それからはチクったと白眼視され、勉強への意欲を失い成績も下降している。両親は教師で何不自由なく生活しているが、F子の表情からは以前の明るさが影をひそめている。

(7)　「報復型」の事例　中学三年生のG男は放課後、十数名の仲間とともに教室の窓ガラスに石を投げつけ、めちゃくちゃに割ったという器物損壊事件で送致されてきたが、彼らは口々に校舎に向かって「○○センコー、ムカツクぞ」とがなり立てながら、石を投げ続けたという。G男は小学四年生のとき転校してきたが、なまりをからかわれイジメられっ子になってしまった。しかし中学生になってから体格がよくなり、腕っぷしの強さでもツッパリ連中を恐れさせるほどの実力と自信をつけた。G男は本件のような遊びとしての非行ばかりか、かってのイジメっ子に対する恐喝も敢行し、次第にイジメ的な暴力行為にも及ぶようになっている。G男の家庭は父母ともそろっているが、父親は体罰主義、勉強を怠るという理由でよく殴り、そのような父親をG男は毛嫌いしている。

このような事例をふまえて須永調査官は、①事例(6)を除けば、家庭の不和、葛藤、しつけ、教育などの問題点がイジメの背景にある。②事例(2)、(6)のように、学校教育の指導上の問題が背景となって、緊張や摩擦を引き起こしていると思われるイジメも少なくない。③事例(4)、(5)の被害者は、いずれも極限状態に追いつめられている。これらの少年はいわば精神的に骨抜きにされるか、反撃するかといった二者択一を突きつけられた形であって不気味である。④すべての事例とも、イジメの態様が陰湿、執拗で、巧妙に偽装化され、一対一ではなく数人のグループによって行われているのが特徴的である。その手口は脅かし、冷やかし、からかいから、仲間集団による無視、暴力、たかりまで広い範囲に及んでいる。事例(3)のようにムカツクという理由で攻撃している少年たちの心理は、今日の慢性的な欲求不満状況をよく示しているとその問題点を分析している。

須永調査官は最後に、イジメ問題は非行問題と同じように、学校教育だけにとどまらず、社会、文化、家庭のあり方と密接な関連があることはいうまでもないが、とくにイジメはそのように複合的な構造のなかから、学校教育においてもっとも先鋭的に問題が発現している現象だと総括したうえで、イジメっ子に対する調査上の問題点について、①イジメっ子の指導は難渋することが多い。イジメっ子に暴力(イジメ)と遊び(ゲーム)の区別がついていないうえ、一人でイジメるわけではないので、責任転嫁や責任回避によって内省が深まらないためである。②保護者も同じような受け止め方が多く、問題の重大さを理解してもらうことは容易ではない。非行と比べて罪の意識がはっきりせず、「誰でもやっている」とか「相手はそれほど嫌がっていなかった」と言い訳する場合が多く、事件になるのは心外だという受け止め方をして、調査が暗礁にのり上げる場合も少なくないと実務経験にもとづく感想を述べている。

そして須永調査官はイジメ問題の核心は、イジメっ子に罪の意識が希薄であるか、欠落しているばかりか、逆にイジメっ子の心理には「ヤツは生意気だから」「自分勝手だから」「嘘をついたり告げ口をするから」といった理屈で、イジメられっ子の受ける被害はむしろ甘受しなければならない罰であるといった意識が存在し、イジメを正当化する心理機制が認められるので、少年審判においては少年のおかれている心理的状況をよく見極めるなかで、善悪についての再教育と指導が重要になると結論づけている。

この論文によって少年審判でイジメがどのように取り扱われているか、とりわけ家庭裁判所調査官がイジメをどのように認識し、どのように指導しようとしているかについて、その一端が浮き彫りになったと思われる。

なお、東京家庭裁判所の主席調査官屋久孝夫は、「家裁調査官から見た『いじめ』問題」（黎明書房、一九九六年）において、事件の中に見るイジメの類型として、不良グループ型、いわゆるいい子型、イジメ・イジメられの同時型、一匹狼型、復讐（仕返し）型、逃避型の六類型に分類し、不良グループ型、いわゆるいい子型、復讐型の三類型について事例を紹介しているが、ここでは引用しない。

2　大阪産業大学付属高校事件

そこで次に家庭裁判月報三七巻九号に掲載された高校生殺人事件に関する保護処分決定および少年調査票にもとづき、イジメが少年審判においてどのように取り扱われているか、分析を深めることにする。

この事件を当時の新聞は「イジメられ仕返し」（昭和五九年一一月一二日付朝日新聞）、「級友二人の報復殺人」（同日付毎日新聞）といった見出しで報道したが、イジメの実態ははっきりしなかった。

この点につき大阪家庭裁判所の保護処分決定は、「非行に至る経緯」「非行事実」「処遇の理由」を次のように認定している。

まず「非行に至る経緯」であるが、少年A、B、Cは昭和五九年四月からX高校一年五組に在学し、座席も常に近接していた。Cは一学期・二学期を通じて学級委員長であったが、九月ころから同級生DといっしょになってAおよびBに対し、理由もなくピンタなどの暴行を加え、級友とけんかさせたり、授業中に突拍子もない発言をさせて授業妨害を強要するなど、イジメ行為を繰り返すようになった。一〇月になるとイジメの程度は昂じ、ゲンコと称して手拳による頭部への殴打、ケツパンと称してビニールのバットで尻を強打する暴行を執拗に繰り返し、ナンパ・検問と称して女子生徒への交際申し込みをさせ、自転車盗などを強要した。また中間試験が終了した一〇月下旬ころになると、授業中などに級友の面前でAに対して自慰行為などを強要するようになったため、Aの屈辱感およびイジメの首謀者Cに対する憎悪は極限に達した。しかしAはそれまでにCから「中学で番長やった」、イジメを親や教師に告げ口したら「家に火をつけてやる」と脅迫され、またイジメの際の態度に威圧されてCを恐れていたため、親や教師に窮状を訴えることはできず、級友もCに注意することができなかった。そのためAは「このままではいかん。なんとかしなければ高校三年間みじめな思いをする。Cを殺る以外、Cから逃れられない」と考えるようになり、以後その機会を狙っていた。

次に「非行事実」であるが、Aは昭和五九年一一月一日の創立記念日に、BとCの三人で自転車盗をするように強要されていた。そこでAはその日がBを説得してCを殺害する機会であると考え、一〇月三一日の夜、Cの殺害計画を練り、BにCを油断させた隙に、自転車盗のため用意することになっていた金づちでCの頭部を強打して気絶させ、Bと二人でCに石の重しをつけて川に投げ込み殺害しようと決意し、Bに加勢を求めるため、明日は予定より早く会いたいと電話連絡した。Aは翌朝、凶器の金づちなどを持参してBと落ち合い、Cの殺害計画を打ち明けて賛同を得た後、二人で殺害場所を下見し、午後にはCを油断させるため、命じられていたとおりに自転車を盗み、夜になって川岸の公園にCを誘いだし、盗んだ自転車で先頭を走っていたCの注意をBが対岸のホテル街に引きつけた際に、Aが釘抜きのついた金づちでいきなりCの後頭部を強打し、「痛い、なにするねん」と必死に逃げ出したCを追跡して二人で組み伏せ、「助けてくれ、もういじめへん」と哀願するCの頭部および顔面を交互に金づちで八十数回にわたり強打し、さらにAはCの反撃を封じるための眼つぶしとして、その両眼を五、六回強打するなどして、瀕死の重傷を与えたうえで、仮死状態のCを川岸まで引きずり、二人で川に投げ込み溺死させた。

このような事実関係を前提に大阪家庭裁判所は「処遇意見」として、Aはいじめの被害を保護者に全く告げず、自分のみで解決することを考え、保護者も警察の捜査が及ぶまで、Aの被害などに全く気づいていなかった。Aはクラスでもあまり目立たない存在で、少し気が弱いが責任感があり、まじめなごくふつうの生徒であった。夏休みが終了するころまで、Cとは良好な関係であった。Cは中学で柔道初段、リーダー的存在で生徒会長を務め、高校入学後も大学に進学し警察官になることを志望し、教師からも高い評価を得ていた。しかし高校の柔道部には実力不足でなじめず退部し、二学期以降はイジメを繰り返すようになった。AのC殺害はCにAを執拗にイジメるなどの落ち度があり、そのイジメが殺害の誘因になったことは明らかであるが、そのイジメの期間は二ヵ月であり、AはCに対し第三者を介して解決する機会を全く与えず、事前に用意した金づちを凶器として、油断しているCを計画的にいわば騙し討ち的に襲い、「助けてくれ、もういじめへん」と哀願するCの頭部などを強打し、さらに眼も挫滅させたうえ、瀕死のCを川に投げ込んで人命を奪ったもので、その結果は重大で態様も悪質であり、本人の無念さ、遺族の悲しみ、高校生による同級生殺人事件として社会に与えた衝撃も大きく、社会的責任は軽視できない。AはBを同調させたうえ、率先して積極的に敢行しているので、その責任はBよりも大きい。授業中にも及ぶ陰湿なイジメを高校側は把握しておらず、級友も解決できず、Aの保護者も深刻なイジメの被害に気づかず、Cの保護者もイジメの実体に気づかなかったという問題点もあるが、義務教育を終了した高校一年生であるAらにとっては、教師・保護者に相談するなどして解決する方法は十分にあったと認められる。AはCらのイジメに対して、両親に心配をかけないために登校を拒否することは考えず、また逃げることになるとして自殺することも考えていない。Aの行為は過剰な情動反応としての攻撃だけでなく、確信的ともいえる報復行動の側面があり、態様の残忍さや結果の重大性に対する認識、罪障感の乏しさなどを考慮すると、精神状態が問題になるが、精神障害を疑わせる事情は認められない。以上のような結果の重大性、Aがすでに一六歳になっていることなどからすると、Aには刑事責任を追及する余地もあるが、事件当時は一五歳、その人格的な未熟さが事件の一因であること、家庭裁判所の調査および少年審判の過程で結果の重大性に気づき始め、保護者の更生を願う真摯な姿に接して、きびしい反省の態度を示すようになっていること、などの情状を考慮すると、保護処分を選択するのが相当であるとしたうえで、大阪家庭裁判所は結論として、事件の内容、少年の性格、保護者の監護能力などからすると、在宅処遇は不適当であり、施設に収容のうえ、規律正しい集団生活のなかで、自己の犯した事件の重大性をきびしく反省し性格を改善して、社会規範に対する正しい考え方を養い、同じような事件の再発を防ぐため、矯正教育が必要であるとして、中等少年院送致を決定している。

このような保護処分決定の背後には、家庭裁判所調査官の社会調査および少年鑑別所の心身鑑別があるが、家庭裁判月報三七巻九号に掲載されているのは少年調査票だけで、鑑別結果報告書は省略されている。

その少年調査票であるが、そこには①本件の非行、②家族その他、③家庭、④遺伝その他、⑤出生前の家庭史、⑥生活史——少年の個人史・行動歴、家庭史および環境史、⑦学業・職業関係、⑧交友関係、⑨その他特筆すべき事項、⑩性格および行動傾向、⑪生活態度、⑫心身鑑別、⑬利用できる資源、⑭調査者の意見、の順に詳しい調査結果が記載されているが、本人および家族のプライバシーに配慮しなければならないので、ここでは⑭の調査官意見を中心に紹介するにとどめる。

この事件の社会調査は事件の重大性や反響の大きさを配慮し、複数の調査官によって行われているが、調査官はまずCがイジメを繰り返すようになった背景について、中学時代からリーダーとして顕示性が満たされ、大学に進学して警察官になることに憧れ、自信満々で入学してきたのに柔道部に入って挫折し、柔道部員としての大学進学には力量不足、進学するには勉学に転じなければならないという障害に遭遇、円満退部への過程でも苦しみ、それに或いは失恋が加わって、その悩み、葛藤が攻撃性に転じ、AとBに対する執拗ないじめによって、代償的な満足を得て浄化していたという解釈を示している。

この点につき「なぜいじめるの——渦中からの報告」(朝日新聞社)は、Cは柔道部に入りたくて大阪産業大学付属高校に入学したが、大阪産大高の柔道部は大阪府でも一、二を争う強豪で、柔道部の新入生一五人中、九人がスポーツ推薦、一般入部のCは黒帯とはいえ推薦組にはかなわず、挫折して退部を余儀なくされたと報告している。

調査官は次に、イジメを受けていたAがCに反撃・報復するに至った動機・心情について、始めはCのちょっかいに「やめろや」と抗議したが、反対に脅されて怖れ反発できなくなり、自尊心を傷つけられながら忍従、ひたすらCらの態度が変容するのを待ちつつ、九月下旬から一〇月上旬にかけて、廊下などで担任に「先生、席替えいつですか」、「学級委員長のCが授業中ちょっかいしてくるんですよ」などと頼んだが、担任は「なんでや」、「もうちょっと待て」、「後で怒っとかんとあかんな」、「後で注意しとくわ」といった返事で効果はなかった。その後イジメはエスカレート、Aは憎悪を募らせながら「今にみていろ」を心の支えとし、その耐えられない衝動をなんとか抑制していたが、自慰行為などの強要はすべての人格を否定され、叩きすてられた思いを与え、それが殺意につながったと分析している。

そのうえで調査官はAに対して、①殺害以外に解決方法が考えられなかったか、②イジメから殺害までの期間が短すぎないか、③殺害にふみきるまで躊躇があってもよいのではないか、④殺害方法が残虐すぎないかと問題を提起しているが、それに対してAは①教師や父母に告げ得なかったのは、何にもましてCの報復が恐ろしかった。Cに「警察官になれなければヤクザになる」「告げ口すれば家に火をつけ、親を殺し、おまえを苦しめたうえで殺す」といわれ、Cならやりかねないと思っていた。②登校拒否しなかったのは、親に理由を聞かれる。悲しんだ親は教師に連絡し、それが自分にはね返る。結局は退学することになるが、それまでの期間が恐ろしい。自殺は逃げることになるので考えなかった。警察に助けを求めるとかは思い浮かばなかったと述べ、それに対して調査官は総じて恨みの深さと性格が関連していると総括し、Cの「やる(殺す)かやられっ放し(生き地獄)か、道は二つに一つしかない」という言葉を紹介して、Aの愛読する少年ジャンプの世界が影響しているのではないかと考察している。

最後に調査官は事件の誘因・問題点として、まず学校について①学校（教師）がイジメに全く気づかなかった――教師によっては多少知っていたと推測されるが、見て見ぬふりを続けた可能性があること。②Cが学級委員長でもあり、担任はCを信じきっていた――Cの要領のよい行動に偽られたこと。③三年間、組み替えがない――Aは組み替えがあれば辛抱したかもしれないと述べていること。④同級生が正義感を示す行動をとらなかった――同級生はAと同じ立場になることを恐れたこと。無関心の風潮が強かったことなどを指摘したうえで、Aについて①真実を教師や家族に告げる勇気がなかったこと。②Cらに対して強い態度で接することができなかったこと。③Cの脅かしを真に受けてしまった思慮の浅さ。④殺害以外の方法を考慮しない二者択一の思考と分析している。

3　その他の事件

次に大阪産大付属高事件以外で、家庭裁判月報に掲載されているイジメ事件の内容を要約して紹介する。

まず家庭裁判月報昭和六一年七月・三八巻七号は、秋田県立水産高校に在学し実習船でインド洋付近で外洋漁業実習をしていた少年Aが、実習を打ち切らせて交際していた女性と早く再会したいと考え、同級生Bを脅して仲間に引き入れ、同級生Cを海中に投げ込んで殺害した事件のBに対する保護処分決定（中等少年院送致）を掲載している。

秋田家庭裁判所決定によればCはBとともにAから執拗なイジメを受けていたこと、CはAに対して反発する姿勢を示していたが、BはAから連日のように暴力を受けながら反発できず、Aにあごでつかわれていたこと、Bは実習船でもAと同室となりイジメられていたこと、BはC殺害を拒否すれば海中に突き落とすとAに脅かされて犯行に加担したこと、その意味でBにはAと比べて同情の余地があること、しかしBには性格上の問題その他があり、それがC殺害を抑制できなかった要因であると認定している。

次に家庭裁判月報昭和六三年一〇月・四〇巻一〇号は、野球部の一年先輩Cから練習後にカバン持ちなどをさせられ、拒否すると暴力をふるわれるばかりか、Cの中学卒業後もこまごまとした世話をさせられたうえ、一方的にCが勝利宣言するトランプで多額の借金を余儀なくされ、このままでは一生Cに従わなければならなくなると絶望した少年AおよびB（大阪市立〇〇中学三年）が、自宅でファミコンに熱中していたCをナイフで刺して殺害した事件の保護処分決定（初等少年院送致）を掲載している。

大阪家庭裁判所決定は事件の背景にCのAおよびBに対する日常的な暴力的支配関係があったこと、そのため仕返しを恐れたAおよびBは両親や教師に相談できなかったことを認め、AおよびBには同情すべき事情があるとしたうえで、事実が重大かつ悪質で反省も十分でなく、暴力肯定的な資質上の問題もあるとして、家庭的には全く問題はないが少年院送致が相当だとしている。

最後に小学生のころからイジメられ、定時制高校に進学してからも暴走族に関係する先輩などからリンチまがいの暴行を受けていた一八歳の少年Aが、小学校の校庭で中学生Bらに金銭をたかって帰宅途中、先輩らに加勢を求めてたうえでAを呼びにきたBに応じて校庭に戻った際、Aがかねて恐れていた暴走族メンバーの名前をBが告げてすごんだため、暴走族の先輩から仕返しされることを恐怖したAが、とっさにナイフでBを突き刺し重傷を与えた事件の保護処分決定（中等少年院送致・特修短期処遇）を掲載した家庭裁判月報平成四年七月・四四巻七号を紹介する。

広島家庭裁判所呉支部決定によればAはイジメを我慢し耐えるだけで、そこから抜け出す積極的な行動をとることができずに攻撃性を内向させていたこと、保護者もAに対してまじめに生活し、難癖をつけられないように注意するという程度の消極的な対応にとどまっていたこと、そのような生育歴からAは社会的適応力が乏しく、柔軟な行動選択が不得手であり、それが過剰な短絡行動を引き起こしたと認定したうえで、Aはこれまでイジメられてきたことの代償として、事件を合理化しようとする傾向が見受けられるので、罪の重さを自覚し視野を広げた適応力をつけさせる必要があるばかりか、仕返しを極度に恐れて心情が安定していないうえ、保護者にもしっかりした対応が期待できないため、少年院送致を選択せざるを得ない。少年院送致には一年程度の長期処遇、半年程度の短期処遇があるが、Aの問題性からするとその立ち直りにはもっと短期の処遇で十分であり、生活態度にも乱れがなく、規律も自主的に遵守できるので、三ヵ月程度の特修短期処遇が相当だとしている。

前述したように家庭裁判所で取り扱われるイジメには三つの形態があるが、家庭裁判月報三七巻九号および四〇巻一〇号の事件は窮地に追い込まれたイジメられる子がイジメる子に逆襲・反撃し、重大な殺人事件に至ったという典型的な第三の形態であり、家庭裁判月報四四巻七号の事件もイジメる子の幻影に恐怖して攻撃したという意味では、第三の形態に属するといえる。また家庭裁判月報三八巻七号の事件は、イジメられる子がイジメる子に脅されて殺人まで犯したという極限的な第二の形態である。

いずれも殺人ないし殺人未遂という重大な事件として家庭裁判所に登場しているため、そこではまず少年の性格・資質上の問題点、行為の残虐性、結果の重大性、反省態度などが重視され、その事件の背後に伏在するイジメは、非行の動機として処遇上考慮されるにすぎず、学校の責任などに言及されることはほとんどない。

それでもイジメられてきた少年の心情が十分に理解され、イジメによって受けた心の痛手を癒すことが重視されるのであればまだよいが、執拗なイジメの被害を親や教師に相談し、イジメを解決するために十分な努力を尽くさなかったことなどが、性格・資質上の問題点として取り扱われ、その性格・資質上の問題点を矯正するためにという理由で、或いは行為の残虐性、結果の重大性に対する社会的制裁として、さらにはイジメグループなどからの報復を避けるための隔離として、少年院送致の保護処分が選択されるとすれば、イジメられる子は救われない。

わずかな裁判例だけで結論づけることは慎まなければならないが、以上検討してきた保護処分決定を見るかぎり、そのような印象を払拭できない。

三 いわき市小川中イジメ自殺事件などについて

1 いわき市小川中事件

昭和六〇年九月に福島県いわき市の中学三年Aが自殺した事件に関して、同級生七名がイジメグループとして補導された後、BがAを自殺に追い込んだ主犯とされ、暴行容疑で福島家庭裁判所いわき支部に送致された。

福島家庭裁判所いわき支部は、ＢのＡに対する暴行および金銭強要が自殺の原因と認め、Ｂは少年院送致の保護処分決定を受けた。

決定内容を要約すれば、Ｂの同級生らに対するカンパは自己の小遣いにした分もあるが、上級生や先輩に強要されたものが多く、これに従わなければ先輩から暴力を受ける虞れがあったという意味で、Ｂにも同情すべき点があり、またカンパが先輩から後輩に引き継がれる段階的な構造に対して、学校が必要な対応をしなかったことは、Ｂにとって不幸なことであったといえなくはないが、Ａに対する恐喝や暴行は許されるべきことではない。その性格は支配欲が強く自己中心的で、具体的な非行事実は比較的単純であるが、人の痛みがわかるといった人間としての大切な部分が欠如して引き起こされた事件と認められるので、その性格の矯正なくして非行性を除去することは困難であり、その他諸般の事情を考慮すると、少年院送致が相当であるとしている。

Ｂは家庭裁判所では事実を争わなかったが、すべての責任が自分だけにあるとされるに及んで憤慨、私が付添人に選任されて抗告することになった。

結果的に抗告は棄却されたが、Ｂが憤慨した問題は二つある。

第一はＡが連日のように校内暴力グループから暴行を受けていた事実、第二は先輩の非行グループがカンパと称して後輩から金銭を強要する段階的な構造が学校に存在し、Ｂがその先輩グループから命令されそれをＡに指示して後輩からカンパを取り立てていた事実が軽視されていたことである。

家庭裁判所も二つの事実を無視しているわけではないが、性格の矯正と環境の調整を通じて非行少年の健全育成をめざす役割（少年法一条）を担う家庭裁判所にとっては、Bの性格的な歪みと母子家庭の不十分な監護能力こそが問題なのであって、Bが憤慨した二つの事実は背景事情にすぎない。

しかしイジメの構造を解明し是正するためには、Bの性格とか家庭の監護能力よりもむしろ、Bが憤慨した二つの事実こそが徹底的に追求されるべきであった。

周知のように学校におけるイジメは、イジメる子とイジメられる子、それをそばではやしたてる子、傍観する子といった階層に分化している子どもだけでなく、イジメに気づかぬ教師、見て見ぬふりをする教師、イジメられている子どもから助けを求められても何もしない、或いはできない教師が少なくない学校、子どもに無関心、学校任せの親が多い家庭といった重層的な構造のなかで生じている。

警察・検察の捜査がどこまでその構造に迫れるか疑問も残るが、迫り得たとしても学校・家庭・地域それ自体を家庭裁判所に送致できない以上、イジメの主犯と見込んだ少年を家庭裁判所に送致する以外にはなく、家庭裁判所もまた学校・家庭・地域と切り離した形で、少年の要保護性を問題にするしかないのが現状である。

いわき市いじめ自殺事件に即していえば、学校は「金銭強要の段階的構造」の存在を百も承知していたし、警察もそれを解明しようとしたが尻切れに終わり、結局その「金銭強要の段階的構造」から切り離されて、いわば先輩からの指令をAに指示する下士官的な役割のBだけが犯人とされ、AとBの個人的な関係がイジメと見做された。また学校には「つっぱりグループ」による校内暴力が吹き荒れていて、Aもその標的にされていたのに、それは自殺とはあまり関係がないとされている。

少年審判は非行事実と要保護性に応じて非行少年の健全育成をはかる手続であるため、それと関連するかぎりにおいてしか家庭・学校・地域の問題は射程距離に入らないわけで、家庭の問題はともかく正面から学校・地域のあり方を問題にすることは、手続的にも制度的にも困難であるばかりか、そこまで踏み込もうとする裁判官・調査官・鑑別技官は少ないし、弁護士にとっても荷の重い課題である。

その意味でイジメを取り扱う家庭裁判所には、大きな限界があるといわざるを得ない。

この点は平成六年日本犯罪社会学会のミニシンポジウムで、「イジメ問題と少年司法の限界」というテーマで検討されたことがある。

それにしても暴行容疑の少年院送致は異例であるが、少年事件は非行事実とともに要保護性が審判の対象であるため、要保護性が重大であれば、非行事実はさほどでなくても、少年院送致の保護処分を受ける場合もあり得る。しかし私はたとえ要保護性が重大であっても、非行事実が軽微な場合には、少年院送致などの重大な保護処分を選択すべきではないと考えているので、家庭裁判所の決定には不満が残る。

なおその後Aの遺族がBおよびいわき市に対して損害賠償の民事訴訟を提起、私はBの代理人としてこの訴訟にも関与したが、Bは淡々と事実を証言したうえで、最終的にAの遺族と和解、責任を全否定したいわき市だけが敗訴判決を受けた。

判決の内容は判例時報一三七二号、判例タイムス七四六号に登載されているのでその紹介は省略するが、判決もAが自殺した主因はBのイジメにあるとしたうえで、Aの性格および家庭の問題とともに学校の責任が大きいことを指摘している。

2 中野区富士見中事件

次に昭和六一年二月に東京都中野区で、「このままじゃ『生きジゴク』になっちゃうよ」という遺書を残して中学二年Aが自殺した事件に関して、東京家庭裁判所はイジメのリーダー格とされたBおよびCに対して保護処分決定を言い渡しているが、その内容は保護観察であった。

ただし、決定にはイジメの実態も、処遇理由も記載されていない。

この事件も遺族がB、C、東京都、中野区に対して損害賠償の民事訴訟を提起、一審判決は「葬式ごっこ」をエピソードと退けるなど、イジメの事実を一部しか認めなかったが、二審判決は学校の対応が不十分だったこと、家庭が不安定だったこと、父母の保護能力が薄弱だったことなどの問題点を指摘したうえで、「葬式ごっこ」を含め、B・Cらを中心としたイジメが自殺の主因だと認めた。

そのため一審判決がイジメに対する慰謝料として三〇〇万円しか認めなかったのに対して、二審判決は慰謝料として一〇〇〇万円を認めている。但し一審・二審判決とも自殺の予見可能性は否定し、死亡にともなう損害賠償責任は認めていない点で、いわき市イジメ自殺事件の判決とは決定的に違っている。

なおこの二つの判決も判例時報一三七八号および一四九五号に登載されているので、その詳細な紹介は省略する。

四　最近のイジメ事件に即して

これまで取り上げたイジメは、昭和六〇年前後の事件が大部分であるが、ここでは比較的最近の事件を三つ紹介する。

1　大阪市大桐中事件

第一は平成五年四月に大阪市で中学三年Aらが、自宅で同級生Cに対して殴る蹴る、プロレス技で投げ倒すなどの暴行を加え、重傷を与えて死亡させた傷害致死事件である。

Aの付添人は保護観察意見であったが、大阪家庭裁判所の決定は初等少年院送致の保護処分であった。大阪家庭裁判所決定はまず事実について、Aは情緒不安定で幼時的な自己中心性が著しく、腕力の強さにあこがれて、不良グループによって日常的に繰り返されていた弱い生徒に対するイジメに積極的に加担し、威力を示して教師に反抗していたばかりか、自宅を不良グループのたまり場にして問題行動を重ねていたとしたうえで、事件は日頃からイジメの対象としていたCを自宅に連れ込み、一方的かつ苛烈な暴力をふるい、Cの哀願を無視し暴力に酔って興奮を深め、ついに最悪の結果に至った許すべからざる重大悪質な犯行で、社会に深刻な衝撃を与えたと述べるとともに、処遇について、弱者の人権を踏みにじり、その苦痛を楽しむ卑劣な行為は、全国各地の学校に見られる病理現象ということができ、その背景には教育の矛盾、低俗メディアの問題などが潜んでいるが、Ａの死に至らせるまでの暴力は、そのような風潮のなかでもきわめて異例であり、その資質に重大な欠陥があることを示しているばかりか、Ｃを死に致したという現実を直視し、深刻に苦悩する態度に乏しく、罪の意識にもとづく反省も不十分なので、厳しい矯正教育が不可欠であると結論づけている。

付添人はＡが一方でイジメられているＣらを助けたり、近所の知り合いが自転車を盗まれた際には、長時間かけて捜し出すなど思いやりの深い性格を示しながら、他方で暴力に対する親和性ないし容認的態度が認められるのはなぜなのか、その解明こそが処遇の選択にあたって不可欠であるという認識にもとづき、Ａの要保護性を把握するため鑑別技官と話し合ったが、「Ａが殻をつくっているために、面接が深まらない」という返事だったようである。そのようなＡに対して調査官はどのように面接して、調査票を作成し処遇意見をまとめたのか不明であるが、付添人の報告によれば裁判官は終始うつむいて記録を読み、Ａに対する付添人の質問を真剣に聞く態度ではなく、たまりかねたＡが「裁判官、何か僕に言ってくれることはないのですか」と叫ぶと、裁判官は「責任をとる必要があるので、少年院に行って来なさい」と述べ、決定が言い渡されたという。

このような審判に対してＡもその両親も納得できず、付添人も決定の処遇に関する記述が粗雑で偏狭だと批判し、抗告を申し立てたが棄却されている。

家庭裁判所がイジメを取り扱う場合、イジメた子を立ち直らせることが目的でなければならないが、審判廷で終始うつむいて記録を検討しているような裁判官では論外であろう。

2　西尾市東部中事件

第二は平成六年一一月に愛知県西尾市で中学二年Aがイジメを受けていたという遺書を残して自殺した事件であるが、窃盗・恐喝容疑で送致されたBに対して、名古屋家庭裁判所岡崎支部は初等少年院送致の保護処分決定を言い渡している。

名古屋家庭裁判所岡崎支部決定は上級生からイジメを受けていたBらは、おとなしい性格で抵抗しないAに対して暴力をふるい、現金を脅し取ったり性的な嫌がらせをするようになった。また川遊びに際して溺れさせたりしてAを恐怖させ、執拗に金銭を強要し続けたと認定したうえで、処遇理由として感受性の乏しさ、不十分な家庭の監護能力などの問題とともに、Aの残した遺書の内容などにもとづき、Bらの恐喝行為がAを自殺に追い込む要因になったことをとりわけ重視し、自殺した被害者の心の痛みを汲み取れなかった性格・行動傾向の問題点を十分に洞察させるためには、少年院に収容する必要があるとして、付添人の保護観察意見を退けている。

付添人は不服だとして抗告したが、名古屋高等裁判所はこれを棄却している。

これは大河内君イジメ自殺事件として知られているが、家庭裁判所に対する送致事実は原付き自転車の窃盗と七件の恐喝、しかも恐喝の内容は主犯格のAが七件で四万四、九二〇円、共犯のBが二件で七、七〇〇円、Cが一件で一万二、五〇〇円、Dが一件で一万円、この程度の軽微な事件で少年院送致はまず考えられない。

捜査当局によれば恐喝は六ヵ月でおよそ一一〇万円、しかし裏付け証拠が十分でなかったため、送致事実は七件にとどめたとされているが、結果的に裏付け証拠の不十分なこの余罪が少年院送致の決め手になったとすれば、少年審判のあり方として疑問が残る。

この決定の意味は事件が大々的にマスコミに取り上げられ、文部省のイジメ対策緊急会議が緊急アピールを発表するなど、イジメた子に対する厳罰が声高に叫ばれる状況のなかで理解しなければならないが、それにしても同じ時期に同じ裁判官が担当し、マスコミがほとんど取り上げなかった安城市イジメ自殺事件が保護観察で終わっていることと比較すると、家庭裁判所におけるイジメの取り扱いにマスコミが大きな影を落としているように思われる。

3　豊中市一五中事件

第三は平成三年一一月に大阪府豊中市で中学三年の男子生徒A、Bと女子生徒C、Dが放課後、女子生徒Eに対し足蹴りなどの暴行を加えて死亡させたという傷害致死事件である。

大阪家庭裁判所はA、B、Cを中等少年院送致（短期処遇）、Dを保護観察としたが、私はその保護処分決定を入手していないので、付添人に選任された弁護士の報告にもとづき、その概要を紹介する。

まず被害者Eは「バイキン」「汚い」などと呼ばれ、全校的に継続的なイジメの対象とされ、また情緒的遅れ、不登校、校外での問題行動などのため、学校、地域で疎外されていたようである。

A、B、C、Dはそれまで積極的にEをイジメていたわけではないが、校庭に偶然Eが現れたため、遊びの延長で暴行を加えた。それも殴ったら手が汚れるとして、足蹴りに徹している。

弁護士の報告によれば、Aらは全校的なイジメのなかで偶然に傷害致死事件が発生し、自分たちが家庭裁判所に送致されたのは不運だったとしか受けとめておらず、鑑別所でも呆れられているほどだったので、家庭裁判所と協議して在宅事件に切り換え、事件の重大性を理解し反省が深まるように努力したが、Eに対する偏見は抜き難く、事件を正当化する心理を克服させることは困難だったようである。

この事件の背景には、全校的なEに対する差別的なイジメが存在し、それに対して学校側が適切に対処しなかった、むしろそれを結果的に助長するような対応に終始したという事情がある以上、事件の責任をA、B、C、Dだけに転嫁することは許されず、「差別」やイジメを克服するための全校的な取り組みのなかで、A、B、C、Dを立ち直らせる方向が追求されるべきだとして、付添人側は家庭裁判所に対し拙速な保護処分を避け、しばらく試験観察を継続するように申し入れているが、学校側の協力が得られず実現しなかったという。

そのなかでCは事件を真摯に受け止めていたこと、暴行に関与した程度がきわめて小さかったことなどから保護観察となったが、逆にDは同じ女子生徒のCが保護観察なのになぜ自分は少年院送致なのかと反発し、少年院を退院した後もその想いを引きづっているらしい。

不服申立てするなかでDに想いの丈を吐き出させたとしても、結果は同じだったかも知れないが、私はDに抗告させたほうが立ち直らせるうえでよかったのではないかと思えてならない。

五　おわりに

1　付添人経験交流集会イジメ分科会

日弁連子どもの権利委員会は、平成三年から全国付添人経験交流集会を毎年開催しているが、イジメ分科会が企画されたのは、平成七年に開催された第六回交流集会からであり、その取り組みはまだ始まったばかりである。

そこでは西尾市東部中事件、豊中市一五中事件などが取り上げられているが、そこでの討議は付添人となった弁護士の活動報告が中心になるため、家庭裁判所が少年審判でイジメをどのように取り扱っているのか、また取り扱うべきかについて、多角的な視点から専門家の助言を得ながら、認識を深め広げるまでには至っておらず、まして家庭裁判所の裁判官、調査官、鑑別技官などを含めて議論できるような状況にはないので、今後の拡充が望まれる。

2　山形明倫中事件

最後に山形明倫中事件について付言する。

この事件は「イジメマット死事件」などと呼ばれているが、私は事故死の可能性を疑っている。それを詳述する余裕はもはやないが、ひとつだけ強調しておきたいことがある。

それは警察の検察庁に対する送致事実と、検察庁の家庭裁判所に対する送致事実との決定的な違いについてである。

具体的には警察の送致事実は、少年らはかねて被害者に対し「一瞬芸」と称する芸を強要するなどイジメを繰り返し、事件当時もマット室前で一瞬芸を強要したが、被害者が拒否したため憤慨し、暴行を加えたうえ被害者をマット室に連れ込み、一瞬芸を強要したが被害者が応じなかったので、暴行を加えて傷害を与えたうえ、マットの空洞に被害者を頭から逆さに押し込み、胸部圧迫のため窒息死させたという傷害・監禁致死の容疑であるが、検察庁の送致事実からは、少年らが被害者に対しかねて一瞬芸を強要するなどのイジメを繰り返していたこと、事件当時も一瞬芸を繰り返し強要したが拒否されたことは削除され、偶発的な傷害致死事件の容疑に転換されている。

家庭裁判所の少年審判は、非行事実なしの不処分決定と少年院・教護院送致の保護処分決定に分裂したが、保護処分決定によっても少年らの被害者に対するイジメの事実は認定されていない。

この重要な事実はマスコミも十分承知しているはずであるが、警察がマスコミに公表した送致事実が一人歩きし、検察庁の家庭裁判所に対する送致事実は無視され続けている。

保護処分決定を受けた少年らの不服申立てを受けて、抗告を棄却した高等裁判所が不処分決定を受けた少年らのアリバイまで否定したため、家庭裁判所の事実審理に問題があったのではないかという疑念が生まれたが、少年事件を家庭裁判所に送致する最終的な捜査機関である検察庁の送致事実には、警察の送致事実や高等裁判所の棄却決定に記載されているようなイジメの事実は存在しないのであって、「イジメマット死事件」などという呼称はまさしく空中楼閣なのである。

3　まとめ

イジメは家庭裁判所でどのように取り扱われているか、それがこの小論のテーマであったが、以上の検討によれば、一方で事実に争いのない事件の場合には、それが非行少年という衣装をまとって家庭裁判所に登場するため、イジメを生み出している家族、学校、地域などの問題よりも、その少年の性格・資質、事件の重大性、社会的反響などが重視され、イジメの全体像を解明し得ない家庭裁判所の限界が浮き彫りになるとともに、他方で事実に争いがある場合には、家庭裁判所はイジメの存否どころか、無実を訴える少年を救済できない事実審理の隘路を露呈していることが透けて見えた。

後者に関してはその改革が最高裁、法務省、日弁連の法曹三者によって意見交換されているので、その行方を見極める必要があるが、前者についてはそのような動きが見えない。

この前者の課題に関連して、堀内守調査官はケース研究二〇五号・「少年非行事例に見られるいじめの問題」において、①これまでの調査実務ではイジメについて資料を収集し分析するという視点が十分でなかったが、今後はその必要性が生じてくるのではないか、②イジメ型とイジメられ型の非行とでは、背景的にも質的にも明らかに差異がある以上、その対応や処遇について異なった方法を考慮すべきではないか、③調査に際しては、ⓘイジメた子・イジメられた子の人間関係を的確に把握し分析する、ⓘⓘイジメられた子が加害者・攻撃者に転じるメカニズムを明らかにする、ⓘⓘⓘ被害者学的考察を試みることが留意点になるのではないか、④学校との連携や援助活動をどのように具体化するか、ⓐ学校側としては、(i)早期発見とその対応策をどのようにすればよいか、(ii)イジメられている子を学級集団にどのようにして復帰させ、適応をはかるか、(iii)イジメグループの把握とグループ指導をどのように行うか、(iv)指導態勢をどのように確立するか、(v)家庭・親との協働関係をどのようにして構築するかなどが課題になるのではないか、ⓑ学校に対しては、試験観察などによって少年、親を含めた具体的な援助活動を展開することができることなど、家庭裁判所機能の活用を教示することが必要ではないか、と須永論文を一歩進めた問題提起をしているが、この小論で検討した家庭裁判所の決定例を読むかぎり、堀内論文的な問題意識でさえ家庭裁判所のなかで共有されているとはとても思えない。

結局、家庭裁判所の社会的にクローズアップされた重大なイジメ事件に対する取り扱いの現状は、須永論文が強調していたような「善悪についての再教育と指導」を「少年院」に委ねる域にとどまっているといわざるを得ない。

＊　この小論は、一九九七年一一月に執筆したものであるが、刊行が遅れたために二〇〇〇年一〇月に統計データの手直しを行った。

【イジメ裁判例一覧】

（中川明作成）

提訴年	判決年月日	事案の概略	イジメ等の当事者	判決結果	出典
七九年	松江地裁 八一・三・三一	農林業従事者等の養成を目的として県が設置した全寮制の研修所の寄宿舎で、原告が四人の同僚生から集団暴行を受け死亡した	島根県立研修所寮生 加害者は同僚生ら四人	原告一部勝訴 認容額六三〇万円	判タ四四九号 二七二頁
七八年	新潟地裁 八一・一〇・二七	公立定時制高校四年の原告が、五人の同級生により連日のように暴行や脅迫を受け、金銭を脅し取られた他担任教諭に非行を密告したとして暴行を受けたり、級友の定期入れの窃盗犯人にでっち上げられたりしたため、これを苦にして同校生物部部室で自殺した	新潟県立高校四年生 加害者は同級生五人	原告全面敗訴	判時一〇三一号 一五八頁
八〇年	高松高裁 八一・一〇・二七	県立高校三年の原告が保健体育の授業終了直後十数名の同級生から、ウレタンマットでサンドイッチ状にされ足で踏み付けられるという集団暴行を受け、両手両足に麻痺が生じて松葉杖でなくては歩行できず、細かい作業を続けることもできない身体障害者となった	高知県立高校三年生 加害者は同級生十数名	控訴棄却（一審・原告勝訴 認容額一九六八万円）	判タ四五六号 一〇九頁
八二年	長野地裁 八五・二・二五	公立小学校六年生の原告が校舎二階踊り場で友人二人に手をつかんで振り回され、胸部を金属製の固い物で強打し、肋骨不全骨折等の傷害を負った	長野県立小学校六年生 加害者は友人二人（長野市吉田小事件）	原告一部勝訴 認容額二二〇万円	判タ五五四号 二六二頁
八二年	浦和地裁 八五・四・二二	公立小学校四年生の原告が、他の男子児童らに足元に滑り込みをかけられ転倒し、前歯二本を折るという傷害を負った	埼玉県公立小学校四年生 加害者は同校児童二名	原告勝訴 認容額三一三万円（内弁護士費用四〇万円）	判時一一五九号 六八頁

			(浦和市三室小事件)		
八二年	神戸地裁 八五・九・二六	小柄で虚弱な公立中学校一年生の原告は、小学校同窓の被告から嘲笑愚弄されたり、利用されたりしていたが、本件発生の日の一時限授業終了後の休憩時間に自席に着席していたところ、被告から背後から首を強く数回揉まれ、懇願したにも拘わらず同人がこれを止めないため手で振り払った。被告はその手が腹に当たったことに立腹し、右手拳で原告の顔面を殴打し、左右両中切歯脱臼の傷害を負わせた	兵庫県公立中学校一年生 加害者は小学校同級生 (芦屋市潮見中事件)	原告一部勝訴 (学校の責任否定、ただし加害者に対し慰謝料など一一〇万円を認容)	判時一一八二号一二三頁
八六年	東京地裁 九〇・四・一七	区立小学校に入学後間もなくして毎日のようにクラスの複数の児童からイジメを受けるようになった原告が精神状態の不安定な小児神経症を発症し、長期欠席、転校を余儀なくされた	東京都公立小学校一年生 加害者は同級生数名 (杉並区第三小事件)	原告全面敗訴	判タ七五三号一〇五頁
八六年	福島地裁 いわき支部 九〇・一二・二六	公立中学校三年生の原告は一年生の頃より同級生であった被告らから子分のように扱われ暴行を受けたり金銭を強要されていた。二年生以降はそれが激しくなった。はじめのうちは教師にこの事実を訴えていたが、被告はかえってこれに対し原告に報復したため、原告は教師に対して沈黙ないし否定するようになった。三年生になり、被告より金銭を要求された原告は、教室を荒らしていたところ教師に見つかり、被	福島県公立中学校三年生 加害者は同級生数名 (いわき市小川中事件)	原告一部勝訴 認容額一一一〇万円(慰謝料一〇〇〇万、弁護士費用一一〇万円。なお、被告の両親とは五〇〇万円で和解が成立)	判時一三七二号二七頁

		告からの金銭強要を告白したが、これに対する被告からの報復や原告の両親が学校に呼び出されるなどしたため、翌日自殺した			
八六年	東京地裁八王子支部 九一・九・二六	町立中学校三年生の原告が同級生らの度重なるイジメで自律神経失調症にかかり、登校拒否に至った	東京都公立中学校三年生 加害者は同級生数名 （羽村一中小事件）	原告全面敗訴	判時一四〇〇号三九頁
八六年	東京地裁 九一・三・二七	公立中学校二年生の原告は加害生徒グループにより使い走り、登下校時の鞄持ちなどの役割を演じさせられていたが、一一月中旬には原告が死んだことにして「葬式ごっこ」が行われ、教師四名を含む生徒らが色紙によせがきするなどした。その後も執拗なイジメは続き、翌年二月「このままじゃ「生き地獄」になっちゃうよ」などの遺書を残して自殺した	東京都公立中学校二年生 加害者は教師、同級生数名 （中野富士見中事件）	原告実質敗訴 ただし、慰謝料三〇〇万円と弁護士費用一〇〇万円を認容	判時一三七八号二六頁
九一年	東京高裁 九四・五・二〇	同右	同右	原告勝訴 認容額一一五〇万円（慰謝料一〇〇〇万円、弁護士費用一五〇万円）	判時一四九五号四二頁
九一年	岡山地裁 九四・一一・二九	公立中学校三年生の原告は加害生徒ら五人ぐらいのグループから「イジメ」の対象とされ「エイズ」とあだなで呼ばれたり、殴られるなどの暴行を受け	岡山県公立中学校三年生 加害者は同級生ら数名	原告全面敗訴	判時一五二九号一二五頁

		た。担任教師に訴えたが、告げ口をしたなどとして報復的なイジメを受け、「ふくろだたきにあいそうだ」「殺される」とのメモを残して自殺した	（岡山鴨方中事件）		
九一年	大阪地裁 九五・三・二四	公立中学校三年生の原告は一年生の頃より被告から暴行を受けていた。三年生の一一月の休み時間に校内で「ハゲにしてこい」などと言われ腹などを殴られてひ臓破裂の重傷を負った。一連の暴行について原告は、報復を恐れて両親や学校には隠していた。三年生になった時に初めて打ち明けたが、学校には連絡しないように頼んでいた。	大阪市公立中学校三年生 加害者は同学年の男子生徒ら数名 （大阪市十三中事件）	原告全面勝訴 イジメ申告なくとも学校は防止措置を取る義務がある。 認容額約二四一八万円（内弁護士費用二〇〇万円）	判時一五四六号六〇頁
九二年	名古屋地裁 岡崎支部 九四・七・二二	中学校三年生の原告が卒業式当日に同級生からのイジメによる暴行行為によって傷害を負った	安城市立中学校三年生 加害者は同級生 （安城市立中事件）	原告勝訴 認容額六〇六万円	判時一五五六号一一八頁
九二年	浦和地裁 九五・一二・二二	私立高校の相撲部員である原告が、合宿所での生活中に他の部員から急所を蹴られたり、金銭を要求されるなどの度重なる嫌がらせを受けて退学した	私立高校二年生 加害者は相撲部員ら （私立高相撲部事件）	原告一部勝訴 認容額五五万円	判時一五八五号六九頁
九二年	金沢地裁 九六・一〇・二五	転校してきた小学校五年生の原告が同級生らのイジメにより、負傷し登校拒否になった	公立小学校五年生 加害者は同級生一三名 （七塚町小転校生イジメ事件）	原告一部勝訴 認容額三五万円 （控訴審六〇万円）	判時一六二九号一一三頁

九二年	大阪地裁 九七・四・二三	市立中学三年生の女子生徒である原告が、同級生からの集団暴行により死亡した	豊中市立中学校三年生 加害者は同級生四人 （豊中市立中集団暴行事件）	原告一部勝訴 認容額二八四五万円 ただし、学校の責任否定	判時一六三〇号 八四頁
九三年	東京地裁 九六・一・二六	市立小学校四年生の原告が担任教諭の、原告を排除せんとする意図の下でなされた一連の言動により、精神的打撃を受けた	横浜市立小学校四年生 加害者は担任教諭 （横浜市立小教諭児童イジメ事件）	原告全面敗訴	判時一五六八号 八〇頁
九四年	秋田地裁 九六・一一・二二	高校に入学・入寮した原告が、連休で帰省中に自宅で、イジメを苦にして自殺した	秋田県公立高一年生（入寮中） 加害者は同級生・寮生ら （秋田県公立高イジメ自殺事件）	原告全面敗訴 （控訴審和解）	判時一六二八号 九五頁
九五年	札幌地裁 九六・九・二五	他の園児を原告がイジメたとの理由で退園処分を受けたことにつき、退園処分は不当であり、精神的打撃を受けた	幼稚園年中組園児と親 加害者は私立幼稚園 （退園処分損害賠償請求事件）	原告一部勝訴 認容額五〇万円	判時一六〇六号 一一三頁

編集を終えて

編者　中川　明

ようやく、本書の刊行にこぎつけることができた。イジメは「二〇世紀の負の遺産」の一つとされているが、二〇世紀が終焉を迎える直前に、「負の遺産」から脱する道すじ・手がかりを示す一冊を上梓することができたことになろうか。

もともと本シリーズの第四巻として本書の編集を引き受けた際にも、イジメ問題を法や法システムの観点から多角的に、トータルに考察を加えることには種々の困難が予想されたので、刊行までにある程度の時間を要することになるかもしれない、と覚悟はしていた。むろん、イジメと法のかかわりを論じた先行研究や類書は既にいくつか著わされていた。しかし、それらとは一味も二味もちがったものをとの思いがあったので、取り上げるべきテーマや項目に工夫をこらしたことはもとより、それぞれの執筆者の選定にも意を用いた。

引き受けてくださった各執筆者も、本シリーズの趣旨と編者の企図・ねらいを把握して執筆にあたってくれたが、編者の不手際から、脱稿時期が早期のグループと、遅くなったグループの二つに大きく分かれてしまう結果となり、早速に書きあげてくださった執筆者には、ご迷惑やご心配をおかけすることになってしまった。本書の刊行を待っていてくださった読者の方々に対してともに、あわせて深くお詫びを申しあげるよりほかない。

二一世紀を前にして、この国の教育をおおう様相が、なまなかの言葉をもってしては言い表しえないほどの危機的状況にあることに、異論をさしはさむ人はいないだろう。しかし、危機の時代は、同時に改革の時代にもなりうることを忘れてはならない。解体する現実の中に、新しい予兆と可能性を読み取る想像力があれば、希望をつなぐことができるからである。未来への希望をもちえないのでは、およそ教育という営みはなりたちようがないのである。

本書を手に取られた読者からご批判とご教示をいただくことは、執筆者にとっても編者にとってもうれしいことである。それらは次の一歩につながり、この国の教育の再生に向かう想像力と創造力を培うきっかけにもなるからである。

最後に、本書の編集実務を担当してくださった信山社の村岡侖衛さんには、多くのご心配とご迷惑をかけてしまったことをお詫びするとともに、格別のご配慮をいただいたことに対して、あらためて深甚の謝意を申しあげたい。

二〇〇〇年一〇月二〇日

イジメブックス
編集委員紹介

* 読者へのお願い　執筆者と編集者の参考にいたしますので,「ご意見」や「ご報告」を信山社編集部宛に送ってくださるようお願いします。

イジメブックス　イジメの総合的研究 4

イジメと子どもの人権

初版第1刷発行　2000年11月20日

編 者　中川 明

発行者　袖 山 貴＝村岡侖衛

発行所　信山社出版株式会社

〒113-0033　東京都文京区本郷6-2-9-102

TEL 03-3818-1019　FAX 03-3818-0344

印刷・製本　勝美印刷

ISBN4-7972-5134-4　C3337